如何促进你的职业发展
工作的心智

阳志平·著

THE
MIND
AT
WORK

电子工业出版社
Publishing House of Electronics Industry
北京·BEIJING

未经许可，不得以任何方式复制或抄袭本书之部分或全部内容。
版权所有，侵权必究。

图书在版编目（CIP）数据

工作的心智：如何促进你的职业发展/阳志平著.—北京：电子工业出版社，2024.4

ISBN 978-7-121-47501-6

Ⅰ.①工… Ⅱ.①阳… Ⅲ.①职业选择-通俗读物 Ⅳ.①C913.2-49

中国国家版本馆CIP数据核字（2024）第055849号

书　　名：工作的心智——如何促进你的职业发展
作　　者：阳志平
责任编辑：李　影　liying@phei.com.cn　　文字编辑：赵诗文
印　　刷：北京盛通印刷股份有限公司
装　　订：北京盛通印刷股份有限公司
出版发行：电子工业出版社
　　　　　北京市海淀区万寿路173信箱　邮编：100036
开　　本：880×1230　1/32　印张：10.75　字数：258千字
版　　次：2024年4月第1版
印　　次：2024年5月第4次印刷
定　　价：88.00元

凡所购买电子工业出版社图书有缺损问题，请向购买书店调换。若书店售缺，请与本社发行部联系，联系及邮购电话：(010)88254888，88258888。

质量投诉请发邮件至zlts@phei.com.cn，盗版侵权举报请发邮件至dbqq@phei.com.cn。

本书咨询联系方式：(010)88254210，influence@phei.com.cn，微信号：yingxianglibook。

献词

追逐名利的人,必然因为名利受伤;

透支信用的人,迟早信用受损。

谨以此书献给我的爱女。

目录

自序　天上深渊，人间烟火　IX

开篇语　001

第一篇　用作品说话

第一章　英才：心气、智力与格局

第一节　成为英才　010

第二节　心气：如何在大时间周期保持心气？　018

第三节　智力：神经智力、经验智力与反省智力　026

第四节　格局：如何成为大格局者？　037

第二章　作品：形态、稳定与创新

第一节　用作品牵引学习与工作　050

第二节　形态：我应该选择什么样的作品形态？　065

第三节 稳定：我如何才能持续创作？ 074

第四节 创新：我的作品是否足够创新？ 084

第二篇　在行动中成长

第三章 思想：证据、抽象与品味

第一节 好思想，坏思想 098

第二节 鲜活证据：证据的不同层级 099

第三节 抽象层级：与因果解释链的距离 106

第四节 品味：信息、信任与价值的平衡 114

第四章 学习：主题、深度与行动

第一节 元认知学习法 126

第二节 主题学习：发现知识的好模式 134

第三节 深度学习：突破学习舒适区 143

第四节 行动学习：输出大于输入 154

第五章 人性：模型、能力与偏好

第一节 如何理解人性？ 168

第二节 模型：有哪些重要的"人性模型"？ 175

第三节 能力：我的认知能力如何？ 181

第四节 偏好：我喜欢什么，害怕什么？ 189

第六章　人际：贵人、信任与助人
第一节　人际网络的结构　200
第二节　贵人：遇见真贵人　208
第三节　信任：建立无条件的信任　217
第四节　助人：成为理性助人者　224

第三篇　看见更大的世界

第七章　竞争：守正、出奇与竞合
第一节　社会竞争意识　234
第二节　守正：理解核心竞争力　243
第三节　出奇：重新定义竞争　259
第四节　竞合：与竞争者合作　267

第八章　世界：观察、理解与实践
第一节　心念世界、现实世界与真实世界　278
第二节　深描式观察：增进层次与沉浸感知　285
第三节　全局式理解：跳出圈外与整体一致　293
第四节　适应式实践：最小阻力与远离险地　300

注释　309

后记　325

自序　天上深渊，人间烟火

1995年夏天，我还是一名初三学生，正因被保送至省重点高中而兴奋。然而，与学校录取通知书同时到来的，却是父母双双下岗的消息。那一年，父亲46岁，母亲40岁。没有补偿，仅有象征性的每月两百元生活费，而且一年中只能领到五个月。

两个中年人在生活的重锤下，想方设法谋生。在乡下卖农机，在城里做早餐。他们尝试了一个又一个方法，终于撑到了子女成年并开始工作。而那段艰辛的岁月，长达十年。

在我长大的那座湘南小镇，情况几乎都是如此。亲戚们几乎都是拼尽全力，才能勉强谋生。年纪稍大的亲戚们如同我的父母一样，生活不易，有的开饭馆，有的打零工。年纪稍小的舅舅与小姨一到成年，便开始工作。舅舅力气大，拉板车；小姨心灵手巧，奔赴南方的服装厂打工，竟在短时间内被提升为主管。每年寒假回家，最让人开心的是能见到回乡的小姨，还有她带来的礼物。人生中的第一把吉他、第一台收音机，都是小姨送的。

对他们来说，工作是疲惫的、乏味的、牺牲的。一份既体面又有尊严的工作，用他们的话来说，就是"坐办公室的"，颇令人羡慕。

然而，从事脑力劳动真的令人快乐吗？

二十多年前，我大学毕业后开始工作，当时从事的是管理咨询行业。同事们多为名校毕业的硕士和博士，薪资颇丰。在一个北京房价尚为几千元每平方米的时代，同事们普遍月薪过万。

尽管如此，同事们快乐吗？依然不快乐。

当时我们的工作强度很大，而且需要频繁出差至客户所在的城市。我至今还记得我在某家头部管理咨询公司入职的第一天，下午就需要飞往某个省会城市的客户那里工作。吓得我连夜申请调到同一公司的另一个部门。

同事们聚少离多，以至于办公室的工位干脆不再固定，改为灵活工位制，先到先得。不同项目组的同事彼此不熟悉，已成常态。甚至有资深同事劝我们这些新入职的，短期内不要考虑结婚生子这些事情。除了人际关系淡漠，更严重的是缺乏工作意义。很多时间都耗费在开会、修改客户提案的字体和排版等毫无意义的事情上。

工作依然是疲惫的、乏味的、牺牲的。几年后，与我同一批入职的同事都离开了公司，多数自行创业。只是，其中有的同事依然留在管理咨询行业，而我创办了一家心理测量公司。

二十多年后，事情发生了哪些变化？

情况依然不容乐观。2022年，我创办的公司旗下开启了一个新事业——人生发展咨询。来访者多为知识工作者。我观察到一个时代的大问题——时代发展越来越快,公司越来越大,然而,为人们提供社会心理支持的系统却踯躅不前。

那些我曾经在二十多年前面对过的问题,依然存在。变化的是,当年的下岗现在变成了裁员,当年的高薪行业如今变为了科技与金融行业。不变的是,工作依然是疲惫的、乏味的、牺牲的。

有的来访者是互联网大厂的总监,年薪百万,却说每天都要挣扎才能起床,需要鼓足勇气才能去上班。有的来访者毕业后即进入金融行业的顶尖企业,不断晋升,却始终找不到人生的意义,用"行尸走肉"来形容自己的工作。抑郁症与职业倦怠在职场越来越普遍。

有的来访者因生育不得不中断职业生涯,全职带娃多年,最终发现再难回到职场。有的来访者因夫妻俩天天加班,常常晚上十点才能回家,结果孩子就成了名副其实的"留守儿童"。如今,工作与家庭的平衡成了奢望。

如果我们今天进行一项大规模的社会调查,用颜色来形容工作,那么在很多人眼中,工作是灰色的。每天忙忙碌碌,地铁进站打卡、出站打卡,上班打卡、下班打卡;每一天,与一次又一次打卡相逢;每一天,为公司的KPI而奋斗。

生活本就是五颜六色的。我想看到爱情激情的红色,我想看到孩子玩耍的橙色,我想看到朋友相伴的黄色,我想看到原始森林的绿色,我想看到辽阔草原的青色,我想看到天空纯净的蓝色,我想看到另一种生活的紫色。

从什么时候起,工作变成疲惫的、乏味的、牺牲的?工作何时成为吞噬快乐的深渊？

我不想轻率地将答案归结为某一个单一原因。或是时代，或是社会，或是组织，或是个人。快速发展的时代，竞争激烈的社会，官僚冷漠的组织，随波逐流的个人。这些或许都是原因。

天上深渊，亦有满天星辰——照亮夜的希望；人间挣扎，亦有温馨烟火——那碗热汤面。**工作可以是自主的、快乐的、成长的。**这就是《工作的心智》一书希望给你的启发。而本书三百余页，若要总结为一句话，那就是：你得换一种思维方式，**成为工作的主人，而第一步就是用作品说话。**

人的一生，终将面对死亡。因此，向死而生，成了无数哲学家探讨的话题。但是，将死亡换成平庸，很多人难以接受。我的一生怎能是平庸的呢？于是，我们发明了无数理由，为之辩护。有的人以孩子为理由：我为孩子付出了一生，养出了这么杰出的孩子，怎么能算是平庸呢？有的人找寻更多外在事物作为理由：公司、组织等等。

平庸的英文单词是 *mediocre*，相对地，杰出的则是 *outstanding*。超越平庸，才是最难的。平庸意味安全，平庸注定舒适。杰出意味不确定，杰出注定不断挑战自我。多数人会自然而然地在日常生活中选择那条倾向平庸，而非杰出的道路。与其辩护，不如一开始就承认，我们的一生可能注定平庸。那么，我们可以做些什么呢？

立志成为英才，不断提升心气、智力与格局。继而成为创作者，创作出一个又一个作品。何以解忧？唯有创作。从消费者到创作者，成为英才第一课。世间一切皆为浮云，唯有作品永存。

为何创作属于自己的作品如此重要呢？因为，成年人之后，我们的自主性受到极大削弱。在工作上，向同事、组织与合作方妥协；在家庭上，向伴侣、孩子与亲友妥协。而人天生就追求自主性。在做人生发展咨询师培训时，我讲过一个微妙的道理。即便是在单位、家庭里唯唯诺诺的人，其实也有自己不为人知的寻求平衡的方法，比如过度热情地帮助他人。

作品，扩大了人的自主性。使人不再总是向他人妥协，而是通过作品参与社会交易，从而获得更大自由。我在本书第二章中提到，拥有众多作品，就构成了作品方阵。作品方阵，这才是人在世时最好的人生发展基地；也是人离世时，留给后人最好的礼物。每个人都可以通过自己的努力来构建自己的作品方阵。与平庸生活作战，它是可以信赖的军团；与失意时光搏击，它是必备的拳击手套与护具。

海子在诗歌《主人》中写道：

你在渔市上

寻找下弦月

我在月光下

经过小河流

你在婚礼上

使用红筷子

我在向阳坡

栽下两行竹

你的夜晚

主人美丽

我的白天

客人笨拙[1]

  你在繁忙的渔市中挑选着月牙般曼妙的鱼群；我却在皎洁的月光下，沐浴着如流水般柔和的月色。

  你在盛大的宴席上，挥舞着喜气洋洋的红色筷子；我却在晨光熹微的山坡上，亲手栽下两行青翠的竹子。在休息时刻，我斜倚在竹椅上，享受着阳光的沐浴，望着那刚刚露出头的竹苗，心中充满了劳作后的喜悦。

  你在宴会上光芒四射，狂欢至深夜；我却在日间显得笨手笨脚，匆匆逃离。[2]

  然而，在宴席上推杯换盏的主人，在月光下怡然自得的客人，谁是人生的主人？谁是人生的客人？

阳志平
2024年春于北京

开篇语

1

王尔德（Oscar Wilde）曾说，当我们无法学习了，就开始教别人；当年轻人无法装嫩了，就开始卖老。现在是晚上十点，又一场夏雨带来了凉风，朝窗外看去，不远处那座楼，是清华东门华业大厦。而那里，是我2002年刚毕业时，第一份工作的所在地。

那时，我刚出校门，就像每一位职场新人一样，朝气蓬勃，斗志昂扬。因为从事最需要资历的管理咨询工作，不得不被人为地催老。工作期间，我经常胸前挂着大于实际年龄七八岁的工作证出入客户单位。期间，由于我的一位直接上级参与创办《中国研究生》这本新期刊，我便在业余时间协助他撰写稿件，并负责一个职业生涯规划专栏。

2

翻出那时发表的系列文章，其中一篇为《如何进行自我职业生涯设计》，摘抄如下：

选择某一项职业仅仅是职业生涯管理的一个方面，而不是职业生涯管理的全部内容。因为选择职业之后，才使职业发展得以开始。科学的职业生涯设计的内容应当包括：（1）自我职业探索；（2）确定职业目标；（3）确定发展策略；（4）采取实际行动。以下，我们将围绕这四个方面做简要介绍。

那时，我认为"职业生涯"一词高大上；那时，我相信通过职业测评，可以提前预判职业生涯；那时，我相信精心设计的职业路线会带来成功；那时，我相信，人们都应该努力寻找"真实的自我"。

3

年岁渐长，年轻人不再年轻。清华东门从荒凉的土路变为繁华的中关村后花园。而那些年，曾经相信的，已不再相信。正如我在《人生模式》一书开篇所言：

人类单独个体的命运不可控，会被那位名字叫作达尔文的"上帝"扔进随机的森林角落。人之为人，正是借助爱与信任——来自社会链接；借助学习——来自书面语言的显性知识与学习共同体的隐性知识；借助好奇心——不断探索从未涉足的林地，自然生长，错落有致。

遥遥地，上帝之眼望去，林地角落，开出一朵花，而你，或在花蕊，或在花冠。是为命运。

那些去寻找"真实的自我"的人，却被路上的司机骗了；那些坚信可以看见未来的人，成了被收割的"韭菜"；那些喜欢职业测评与职业生涯规划的人，最后依然被裁员。

4

2014年2月，我正式开始了第二次创业。下山一路，算不上风和日丽，时有狂风暴雨。于我而言，最大的难题是同时管控多家公司。对于一位习惯阅读与思考的人来说，碰到类似难题时，会从历史上寻找参考榜样。

而其中的一位参考对象就是出版人郝明义。当年，郝明义在担任中国台湾地区大块文化出版公司总经理时，同时兼任商务印书馆总经理。令人佩服的是，他在管控两家公司的同时，还在旗下媒体连载谈论工作的系列好文。这就是此后结集出版的《工作DNA》系列，全套分为鸟、骆驼与鲸鱼三卷。工作的人，是三种动物，当在基层的时候，是一只小小鸟；当升迁为中层时，成为骆驼；终于有一天，会成为决策者，此时，海阔天空，我们成了带领众人前进的鲸鱼。

《工作DNA》这一套书，与何飞鹏老师的《自慢》、吴静吉老师的《青年的四个大梦》，外加大前研一（Ohmae Kenichi）的《专业主义》等系列著作，以及《哈佛商业评论》的"自我管理"栏目系列文章，一起构成我职业生涯早期受益匪浅的部分读物。

　　在我每次面临选择、碰到工作难题时，那些职业生涯早期阅读过的前辈心得，给了自己极大启发。在这个极不确定并高度复杂的世界中，摸索前进的黑暗路上，这些用心之作是伴我前进的温暖小灯。

5

　　突然有一天，自己也到了有很多工作心得，想跟那些稚嫩而又热情的年轻面孔分享的时候了。

　　就像一位读者在微博上问我——知道很多道理，依然过不好生活，不知道阳老师有什么建议？我如是回答：

　　（1）什么道理都不知道，依然能过好一生，你羡慕那头猪吗？

　　（2）"很多"值得怀疑，经常有人跟我说她看过很多书，思考很多，一旦让她拿出读书笔记与思考日记，人就闪了。

　　（3）大道至简。好的道理一定会让你过好这一生，前提是大时间周期的践行。

从2002年到2023年，从清华东门再到清华东门，有许许多多道理可以聊。

有时是"英才"——如何成为顶尖人才？有时是"作品"——如何用作品牵引学习与工作？

有可能你关心的是"思想"与"学习"——如何辨别好思想，避免坏思想？如何高效学习，持续成长？有可能你关心的是"人性"与"人际"——如何更深入地理解自己与他人，从而扬长避短，获得更好的机会？

还有可能是"竞争"——如何在社会竞争中脱颖而出？以及"世界"——如何认识世界、解释世界与改造世界？

但是，如果我重新回到22岁，最重要的事情是什么？

6

我对所有不够疯狂的假设都存有怀疑。我在梦想？当然。不过这种梦想可以帮我们超越重复、习惯和肤浅。同样，我对所有未经时间验证的前辈心得都存有怀疑。我在奢望？当然。不过这种奢望可以帮助我们发现那些光阴过后，依然真挚的故事。

从2002年到2023年，从清华东门再到清华东门，时间总会见证一些，留下一些。回头看，最重要的事情是"内在动机"——成为兴趣与好奇心驱使的人。

最自豪的是，18岁后，我的所有重要决定都是由兴趣与好奇心驱动的。出身小镇，初中毕业不考中专，数学奥赛保送；大学逃课，以自修为主，拿了首届北京市挑战杯特等奖；放弃学术生涯，直接工作；工作第一年即注册公司，先兼职，后全职创业至今。

奇怪的是，人人都想做自己喜欢的事，但是社会怎么可能让人人都能做自己喜欢的事？然而，为什么只有那些只做自己喜欢的事的人，走向了最终的成功？背后浮现了什么共同模式？

做自己喜欢的事，就像跳水一样，你要有勇气去跳，同时也要掌握跳水的技巧。很多人在如何做自己喜欢的事上采取了错误的方法，导致了更多的错误结果。以后就更不敢相信——世界上存在一种做自己喜欢的事的可能性。我希望《工作的心智》一书，能够在给你跳水的信心时，更给你方法。

小　结

相比"职业生涯"这个词，我更喜欢"工作"这个词。"职业生涯"意味着能够轻易地看见未来，强调对未来的规划；与之相反，"工作"则注重当下，拥抱不确定，注重"可能的我"。漫谈工作——那些重要的工作方法论，结集成书，是为《工作的心智》。欢迎你，亲爱的读者。

01

第一篇

用作品说话

第一章

英才：心气、智力与格局
如何成为顶尖人才？

第一节　成为英才

1

少年时我们追逐激情，成熟后却迷恋平庸。日子一天又一天这样过，终于有一天，我们开始习惯用平庸伤害激情，并美其名曰：成熟。

呵，成熟？这一年，一位27岁的青年对着"成熟"的千千万万国人哭泣：少年智则中国智，少年富则中国富，少年强则中国强。[1] 这一年，一位42岁的学者用大量译作朝着"成熟"的千千万万同胞呐喊：鼓民力，开民智，新民德。民智强，则国家强；民智弱，则民族亡。[2]

每到民族存亡之际，必见英才。他们是27岁的梁启超；他们是42岁的严复。所谓英才，就是那些远超同侪，表现突出的人才。在硅谷，他们被乔布斯称之为A+人才。

按照我在《人生标准九》一文中的观点，我们可以依据智力/绩效/能力等将人划分为从一到九个等级。[3] 如果说人才是超出平均水平一个标准差之外的人们，**英才则是超出平均水平两个标准差之外的人们**。这样的人，在整个人类中都是少数，达到标准八的人只有7%，达到标准九的人只有4%。

人才难得，英才稀罕。那么，英才是什么样的人？怎样成为英才？

2

说说我年轻时的一位老师。他是一位组织行为学权威，桃李满园。而我是一个思维跳脱、不走寻常路的学生。那时，他将能力模型的概念率先引入中国。什么是"能力模型"？这位老师习惯称之为胜任特征模型（Competence Model），而我则喜欢称之为素质模型。

作为今日衡量人才依然盛行的标杆，能力（Competence）源自心理学家大卫·麦克利兰（David McClelland）在1973年发表的《考察胜任能力而非智力》一文。[4]

在这篇经典论文中，麦克利兰认为，应该改用素质和技能来评价求职者，而非用传统的智力测验、工作年限等来评价。经典的做法是将每一份工作拆解成不同能力，从而找到最符合这个能力组合的正确候选人。

2003年，我创办了一家心理测量公司，依然照搬了这套做法。以当时我们公司负责某市中小学教师招聘项目为例，首先，我选取部分该市杰出教师与一般教师进行"行为事件访谈"，得出一些差异。下图是一位杰出教师与一位一般教师在对学生信任上的差异。

杰出教师	一般教师
• 信任学生，赋予他们更多自主权，对学生往往是正面评价。 • 例子：一个学生在写作上遇到困难，经过几个月的指导，他终于完成了一篇作文。虽然我要求的是三页，他只交了一段，但已经相当出色，因此我决定接受他的作业。我对他说：虽然篇幅短小，但质量上乘，内容连贯有序，且无错别字和语法错误。	• 常常预设学生行为会带来负面结果，并以此为由，不愿继续付出努力。 • 例子：我从未见过如此困难的学生，他无法厘清问题，甚至连解决最基础问题的能力都缺乏，他只是想糊弄我，而且他糊弄过的老师不止我一个，因此，我在那次考试后，只想彻底放弃他。

杰出教师与一般教师的差异

然后，根据众多类似访谈案例与其他资料，建立了一个该市中小学教师的素质模型，包括了教师的主要技能，其中有是否会对学生施加影响力，是否善于协助与服务学生等，如下图所示。

认知能力

影响力　　管理能力

协助与服务意识　个人效能　成就与行动

某市中小学教师的素质模型

该市中小学教师的素质模型由认知能力、影响力、管理能力、协助与服务意识、个人效能以及成就与行动六大指标构成，而在每类指标下，又各有若干小指标。通过对这些指标的计算，我们可以推测出这位教师与教师技能基准的契合程度，以最终计算出的分数作为一个职务匹配度的等级区分。以上是拿教师的素质模型举例，同样，任何一个职业都可以这么处理。

3

那么，这种做法有什么问题呢？

这种做法过于强调职务的稳定性，**它看似面向未来，实际却是面向过去**。它试图关注企业中最优秀的员工的行为表现模式是什么，继而根据这些行为模式去招募、培养与制定各项考核指标。对于一些销售导向或员工数量极其庞大的行业，这种模式较为适用。

然而，绝大多数行业如今都步入一个高度不确定与信息过载时代。今天的商场越来越酷似战场，高度复杂、多变、模糊且永远不确定。因此，在原来的公司胜任这一职务，在新的公司并不一定胜任这一职务；在过去胜任这一职务，并不代表未来胜任这一职务。伴随公司的快速发展，按照"能力"标准甄选出来的员工越来越无法胜任。

有一种市场叫作人才市场，在那里，你可以论斤去"购买"人才。只是，你的天平不再是重量，而是工作年限、过往表现、学历出身……然而，英才不是这样的。**你无法购买英才，英才只会伴随企业、组织与国家的发展生长出来。**

4

英才无法购买，只能生长，因此，挑选人才的标准，我们需要从"能力"（Competence）过渡到"潜力"（Talent）。

那么，什么样的队友或伴侣更有潜力呢？按照第五章的观点，有潜力的队友或伴侣普遍具备的共性如下。

» 认知能力：智力不错，理性思维能力不错；
» 行为模式：注重内在动机（自我决定论），享受这份工作本身带来的乐趣；心态开放好奇，为人友善，坚持不懈（大五人格模型）；自己在团队中很有安全感，且能给团队带来安全感，将集体放在个人之上（依恋类型）；
» 语言模式：常常采取成长型心智的语言模式，从我很聪明到我很努力；
» 环境模式：能够适应组织所处环境，并从中成长。

雄心壮志、成就大业的人，冷酷地挑选别人，例如队友与伴侣；多数人则试图改变他人。前者对自己的生命更负责。一旦你想要"改变"队友或伴侣，多半会失败。然而，很多人依然会去撞这面南墙，因为这样做存在那么一丝成功的可能性。这些小概率事件会放大人们的自信，产生"过度自信偏差"，以为改变别人很容易。

5

成为英才，这既关乎个人的天赋与家庭背景，更关乎个人自我定位。优秀的人才始终是一层一层跃迁，从一个水准的标准七八九跳到更高水准的标准七八九，最终借助时间复利效应，慢慢地超越了当初跟他处在相同水准的朋友。

这种跃迁，需要付出长时间的努力。你可以回顾一下自己的小学、初中、高中、大学同学，都是在一层一层地淘汰。这个现象有合理之处，也有不合理之处。我们先捍卫其合理的一面，假设它是对的，那么，它对我们有什么启发呢？——提醒我们正视社会竞争。

你需要明确区分"能力"与"敏感"的感知。两者是不同的维度，能力侧重改造世界与解决问题，敏感侧重观察世界与发现问题，很多人混淆了两者。在许多人心目中，更向往成为"有趣"的人，而非"能力"强的人，从而为自己的"无能"或"不够优秀"辩解。然而，真正有趣的人同时具有两个条件：能力和敏感。在成为有趣的人的路上，人们常常出现两个误区。第一个误区是：敏感无能力的人误将自己对世界的洞察当作能力，以为身边的人都应欣赏自己；第二个误区是：有能力无敏感的人误将多维人生仅仅锁定为成就一个维度。

第二个误区很常见，一个人只追求"能力"，这一点容易发现；但是第一个误区，误将"敏感"当作"能力"，则较难发现，它危害更大。

这个社会有时让人无奈，常常在你最想成为有趣的人的时候，却要求你提升能力；当你伴随年岁增长，能力慢慢地提升，这个社会却转而要求你有趣。你常常可以看到人们在30岁的时候开始放弃理想。就像木心曾经写过的一样：

很多人的失落，是违背了自己少年时的立志。自认为成熟、自认为练达、自认为精明，从前多幼稚，总算看透了、想穿了。于是，我们就此变成自己年少时最憎恶的那种人。[5]

然而，你要记住，不要浪费时间去纠正他人的观点，自己的时间太宝贵了，哪有那么多时间去对抗、去妥协、去委曲求全。做好自己就不错了。随着年龄增长，多数人已经放弃了理想，你的理想主义就是你最大的竞争优势。

6

要成为人才，过去人们常常强调情商；然而，要成为英才，跟情商没关系。我将其总结为：**心气、智力与格局**。情商可自保，但做事得有真本事。所谓情商，世人常理解为狡猾、算计、操控。靠这些，最多自保，一旦遭遇乱世就是炮灰。

成为英才，要看心气、智力与格局。提高心气，文养气，诗洗心；提高智力，神经智力+经验智力+反省智力；提高格局，一个一个有趣的人，一件一件有意义的事拓展开。打个比方，如果说人生是一场牌局，那么"穷小子""灰姑娘"就是起点低，拿到的牌太差；心气就是一定要争取拿一副好牌，当然，多元化人生，对好的定义不一样，我对好的定义是有趣且时间不朽；智力就是，牌局也对，好牌也有，结果打差了；在别人的优势领域竞争。

心气、智力与格局，相辅相成，守正出奇，这才是改变命运的王道。心气大于智力与格局，就是命比天高的凤凰男；智力大于格局与心气，就是书呆子；格局大于智力与心气，就是眼高手低的孤家寡人。有心气，有智力，最后就是打开格局。

心气、智力与格局，这是成为英才的三个关键词。保持心气，终身学习，不断提升智力，最终会获得人生大格局。

小　结

红日初升，其道大光；河出伏流，一泻汪洋；潜龙腾渊，鳞爪飞扬；乳虎啸谷，百兽震惶。[6]亲爱的少男少女，祝你们明眸善睐，笑靥如花。

第二节　心气：如何大时间周期保持心气？

1

人为多愁少年老，花为无愁老少年。少年愁，为赋新词强说愁。[1]小时候，制定目标，执行目标，再完成目标即可。长大成人，与小时候不再类似。成年后，**人生目标多重**——你常常需要在同一时间段处理工作、感情与学习；**人生目标复杂**——大目标套着小目标，长期目标套着短期目标；**人生目标高度不确定**——你不知道你想要的是什么。

正是因为人生目标多重、复杂且不确定，因此，成为英才，需要心气、智力与格局。它们是简单目标的三个阶段——制定、执行与完成的升级版。一个粗糙的对应关系是，心气对应人生目标的制定，智力对应人生目标的执行，格局对应人生目标的完成。

心气是渴望，你要有欲望；**智力是能力**，你要完成自己的人生，度过喜乐平安或波澜壮阔的一生；**格局是结果**，时间如格，人生如局。小格局者老婆孩子热炕头，怡然自得；大格局者或如李白杜甫，流光溢彩，诗词传世，时间不朽，或如秦皇汉武，纵横开阖，一代英雄，青史留名。

2

格局有大小，心气有高低。心气过高者容易眼高手低。初入职场，容易眼高手低，典型表现是主次不分。为什么分不清主次？职场新人容易将自己感兴趣的事情、容易做成的事、符合自己舒适区的事当作"主"。一位职场高手完全相反，即使是他不感兴趣的事情，但因为对团队很关键，他依然会投入心力，全神贯注，获得好结果。

承诺快，但是事情做不好。这是刚刚工作需要格外注意的。建议少承诺，但一经确认是自己主线的任务，就一定要超期望完成。职场新人如果总是低于同事预期，则很难给人以信任。

所谓主线任务，是以输出、作品与对外导向的。主线任务更多地指向公司、组织外部而非内部。你所在公司内部的勾心斗角、派别争议一点不重要。你在对外的事情上有足够强的能力，人们才会认为你是一位"专业人士"。诸如：开发出足够漂亮的程序、拿到足够好的融资、拿下只有你才能拿下的大单。职场新人经常过于关注内部人际和谐，导致在有限的心力下，无法区分主次。

心气过低者，则容易敏感、自卑。怎样让自己变得没那么敏感与自卑？一个简单的方法是成年后，让自己拥有多个社会评价体系。什么是社会评价体系？年轻时，你很在意父母的评价，父母的表扬，你特别看重；父母无意的批评，你也特别看重，甚至会出现离家出走、自杀等极端事件。

因为在那时，父母很大程度上是你最看重的社会评价体系。尤其是那些在学校比较内向、同辈朋友较少、教师不够关心的孩子，父母甚至是他们唯一的社会评价体系。孩子的成就感、挫折感、被尊重的感觉等都来自父母。一个在成年人看来很正常的批评，到了孩子那里，因为只有父母这唯一的社会评价体系，通常被极端地放大了。

社会评价体系扮演着社会支持网络、个体情感宣泄渠道的角色。如果你长期只拥有一个社会评价体系，情感宣泄很难进行。像一面墙一样，来自它的压力，你又不得不宣泄到它身上，反弹回来，作用力更大。长年累积下来，你的心理压力会越来越大，越来越难消解，人变得越来越敏感，越来越自卑。

因此，年轻时，你需要努力培养自己的多重身份。这样，你在某个身份上获得的压力，最终会通过其他身份对冲掉。拿我举例，我同时拥有认知科学专家、作家、公司董事长、藏书者等多个不同身份，这些身份的社会评价体系相对独立，于是我的工作压力得以缓解。

3

心气大于智力与格局，就是命比天高的凤凰男。心气大，人生目标执行跟不上，最终结果也不好，所以只好寄托幻想，沉醉意淫。鸳鸯兮嘤嘤，狐狸兮徵徵。[2]因此，穷书生最爱狐狸。

让我们来看一类常见小说吧。[3]想象一下，你一无所有，但你怀揣着理想,努力学习,向上走,那么,就会有一位年轻貌美、家境优越的女子欣赏你,并且这种欣赏是发自内心的,她愿意为你牺牲一切。

说得刻薄一点,这种小说模式,与《聊斋志异》中那些刻苦攻读、准备参加科举的书生被狐狸精看上的故事模式,有何区别呢?[4]

放弃幻想,投奔理想。做人做事,唯有眼低手高,才能意气平和。曲调过高,过于亢奋;曲调过低,消沉人心。阳春三月,花滴露,柳摇烟,樱红欲烂。与童子六七人,风乎舞雩,踏歌而行,心气和平,听者自然悦怿兴起。[5]这是中国古代儒家羡慕的"曾点气象",山水之乐,人伦之乐,悠然自得,无拘无束。采菊东篱下,兰蕙生我篱,这就是华族风采!

然而年轻时,容易把握不好尺度,那么**心气宜高不宜低**。穷小子灰姑娘,改命本不易,宁做那眼高手低的自信大人,也不做那低眉顺眼的小人。

4

保持心气不易。年轻时,杂念纷纷:今天要恋爱,明天要学习,后天要创业。技能资源时间不足,见识心胸人脉不够,此时,好不容易培养出来的一点心气,早早被社会压榨得喘不过气,于是成了衣服上的饭粒子,食之无味。那么,你怎样才能在大时间周期保持心气呢?

答案是选择简单的生活方式。一切皆是时间的函数，生命也不例外，时间最可怕的是复利效应。与复杂的生活方式相比，简单的生活方式在时间复利上具有天然的优势。如果你将生命视为时间的函数，那么简单的生活方式在输入端需要记忆的信息更少，每天规律生活、规律工作、规律睡眠，这样很容易自动化。

按照认知科学家斯坦诺维奇（Keith Stanovich）在《超越智商》中的理论，你可以将人类大脑的工作机制分为三部分：自主心智、算法心智和反省心智。自主心智更多地来自进化模块与内隐学习模块，通过进化与内隐学习习得。例如，我们看到蛇就会害怕，不同民族对女性的择偶偏好存在普遍一致的规律，这是因为我们虽然生活在互联网时代，但我们的大脑来自石器时代。[6]

除了来自进化习得的适应性组块，自主心智还包括情感化反应、学习习得的自动化反应与条件化反应等。举个例子，一旦你学会骑自行车后，就终生难忘，变为本能，这就是后天习得的自动化反应。这些自动化之后的模式更容易进入人类大脑自主心智的部分，不再挤占算法心智部分狭小的"工作记忆"。

一般来说，人类的30~40岁是事业高峰期，此时技能已经成熟，英才的自主心智部分拥有了大量自动化的模式，他在算法心智部分的认知负荷因此有了大幅度下降。很多工作，对于职场新人来说，是中度或重度脑力劳动；而对英才来说，则是轻度或中度脑力劳动。

简单的生活方式，更容易让你培养更多的自动化模式，从而让大脑变得认知负荷更小。慢慢地，你从一位年轻时候的重度脑力劳动者变为一位轻度脑力劳动者。反之，一个经常换公司、工作地点与恋人的青年，很难形成一个可以利用长时间复利效应的模式。最终就变得越来越累，心气慢慢随风而逝。

5

怎样找到简单的生活方式，形成时间的复利效应？最重要的是什么呢？

答案就是——寻找一个好伴侣。

这不是开玩笑。如果你将生活方式理解为一个实验心理学函数，包括自变量、因变量、控制变量、条件变量等，那么，配偶是最大的干扰变量与控制变量。优秀的伴侣是你最好的同侪，也是你终生信任的同侪，更是你无法堕落的底线。

第二重要的则是导师。建议你尽早在时间源头，以学徒的身份，帮一位大师打杂，然后慢慢地从边缘到中心。这样，在你工作早期，无数困惑，如精力与心力资源分配，通过模仿老师均得以解决。

这就是当代认知科学关于学习的主流观念——认知学徒制。为什么认知学徒制如此重要？因为人们容易高估自己的意志力，这意味着你每天需要给自己做心理建设，这是与人性背道而驰的；与小伙伴们、导师在一起，则让你更容易获得反馈与从嗅觉视觉听觉到灵魂的刺激：我不能再堕落了，我要加快推进！

6

在年轻的时候，有无数变数。而你最应该坚持的策略是：找到你认识的所有人中，最优秀的人所在的公司，尽可能去那里工作；找到你认识的所有人中，最优秀的人，尽可能与他们一起创业或共事。

这就是年轻时的大招，一招鲜吃遍职业生涯早期。正如芒格所言，找到好伴侣的最好方法是让自己配得上对方。[7]反过来思考一下，你如何才能超越同辈，成为英才？在什么情况下，你会承认一个同学或一家公司优秀？显然，如果你的同学家庭比你富裕，你不会因此而认可他；如果一家公司没有产品，你也不会愿意加入。这就是保罗·格雷厄姆的观点：一个令人惊叹的作品，让所有人都惊叹——哇！[8]一个大学生取得A+，同学们可能不会感到惊叹；但如果一个大学生创业成功，那么同学们一定会惊叹：哇！

在年轻时，多聚焦在"令人觉得不可思议的作品"上有诸多好处。除此之外，其他皆迷思。首先，你无须加入任何圈子。其次，你可以远离社交媒体。社交媒体按照时间线排序，使得你每天都被最新出现的信息抓住，但不少时候，高质量信息的半衰期更长，所以必须远离社交媒体。最后，你可以简化对物质与冗余信息的追求，扩大自我创作的产出。举例来说，我买衣服只去一家固定的品牌商；又如我二十年如一日居住在公司附近，走路上班。

始终保持简单的生活方式，这样才能在大时间周期保持合适的心气，最终保持干劲。当你赢了，沉默是金；当你输了，说得更少。将心气加在自己与家人身上,那么多诉苦,那么多抗争,那么多誓言,那么多坚持,都没人会关注。十年后你再看今天自己的小情绪,会觉得格外可笑。

有了心气,将生活切换到简单模式,也许你会体验到人生更多的乐趣与意义,就像王小波所说的,"人有了心胸,就可以用它来改变自己的生活"。

> 对我自己来说,心胸是我在生活中想要达到的最低目标。某件事有悖于我的心胸,我就认为它不值得一做;某个人有悖于我的心胸,我就觉得他不值得一交;某种生活有悖于我的心胸,我就会以为它不值得一过。罗素先生曾言,对人来说,不加检点的生活,确实不值得一过。我同意他的意见:不加检点的生活,属于不能接受的生活之一种。人必须过他可以接受的生活,这恰恰是他改变一切的动力。人有了心胸,就可以用它来改变自己的生活。[9]

小　结

年老少年都不管,且将诗酒醉花前[10]。祝福你,拥有有趣的一生。

第三节　智力：神经智力、经验智力与反省智力

1

1753年，卢梭在《论人类不平等的起源与基础》一书中写道：人类智力的发展应该主要归功于欲望，而欲望能否被普遍满足要依靠智力的发展。[1]多年后，我读到这段话，不禁拍案叫绝。卢梭先生对于欲望与智力的关系阐述得深入浅出。正如我在前文中所提到的，心气是渴望，你要有欲望；智力是能力，你要完成自己的人生。

然而，没有哪一个名词像"智力"一样被人们广泛误解。流行文化中充斥着关于智力的伪科学，实在是防不胜防。低级一点的错误，如"左右脑不同""大脑仅用百分之十""男女脑不同""成功靠情商，跟智力关系不大"等广泛流传；高级一点的错误，如"学习金字塔""听觉型视觉型学习""一万小时定律""多元智能""成功智力理论""学习关键期"等甚至成为不少专业教材内容，或在专业期刊上堂而皇之地发表。

现在，是时候来探讨"真智力理论"了。

2

2014年,我收到一位女孩的求助邮件,如下:

我才入职不久,目前在工作上遇到了一些问题,想请您指导一下。先介绍一下我的基本情况吧。今年大学毕业,学的是临床医学,目前在某国内知名网站做销售,入职两个月了,我反思了这两个月的工作生活,发现:

(1)工作占据了生活的大部分,早上7点45左右出门,晚上过10点回家,周末经常加班,这让我没有时间阅读、锻炼,没时间提升自己。

(2)周围的同事、主管大多是专科毕业,年龄和我相仿,她们的优点是情商偏高,缺点是深层次的东西较少,我总有一种跟他们一起共事学不到太多东西的感觉。我想学东西,想变得优秀。

(3)第一个月作为实习生,拿实习工资,第二个月转正。我不怕吃苦,我怕的是我付出了太多的时间和青春,却收获得太少。

之前我选择这份工作,是因为我想提高自己的情商,提高自己的人际交往能力,提高自己的见识,但现在我发现这份工作没有给我想要的。这是我想辞职的原因。

我崇尚美好的人格、深厚的知识。老师,您说,什么样的工作能给我想要的呢?我又应该怎样得到这样的工作呢?

这是一封典型的职场新人求助邮件,其中的问题是不少职场新人都会遇到的,因此我选择大段引用。我想重点讨论这封邮件中提到的"情商"一词。这位读者的这句话值得深思:

> 她们的优点是情商偏高,缺点是深层次的东西较少,我总有跟他们一起共事学不到太多东西的感觉。

在这位读者的心中,她潜意识里认为自己的智力是正常的,但情商偏低,因此她选择了这份工作,以提升自己的情商。

然而,她的问题还是出在"智力"上更多一些。社会一直在高估情商的重要性,低估智力,正是因为人们常常持有错误的智力观念。刻薄地说,唯有智力不足,才需要借助情商来掩饰。因此,我当时给这位女孩建议道:

(1)选择职业,要选偏智力密集型的。选所谓情商密集型的,只会让你心累;(2)人的一天时间极度有限,必须一开始就从兴趣出发;(3)理想职业并不存在,从你能利用的微小优势开始,然后最大化。

3

当我们谈论智力时,我们在谈论什么?心理学家发明了智力,将其作为人类认知能力的标尺。只是你常常忘记了,聪明人(高智力的人）有三类。

纳什： 电影《美丽心灵》的主人公约翰·纳什（John Nash）是一位极具天赋的数学家，获得过诺贝尔奖。传说中，美国国防部邀请他破解一段密码，结果他凭借心算，就在庞杂的数字矩阵中找到了密码的含义。纳什，就是我们传统意义上的聪明人，在学校就是学霸。

小野二郎： 纪录片《寿司之神》的主人公叫小野二郎，这部纪录片是他85岁的时候拍摄的，讲的是他做寿司的故事。他从15岁起便开始学做寿司，多年的磨砺、精益求精的学习让他成为日本国宝级的寿司制作大师，连美国总统也慕名前往他的小店。如今他做寿司就像在弹奏乐曲，像在表演艺术。在传统观念上我们会认为小野二郎只是多年经验积累出来的专家，不算聪明人，但他恰恰也是聪明人。

巴菲特： 他是有史以来最伟大的投资家，依靠投资，他成为世界上数一数二的富翁。这就是沃伦·巴菲特（Warren Buffett）。他每天做的都是重要的决策，应该把钱投到什么地方、什么时候投入、什么时候撤出，这些都是比较高层次的决策。我们都知道巴菲特也是聪明人，但仔细一想会发现他与前面两个聪明人似乎有一些不一样。他的聪明在于，无论旁人看法如何，他都坚持合理地运用信息做出最优决策。

第一类聪明人像纳什一样，他们天生就具有高智商，我们无疑会承认这样的人是聪明人。

第二类聪明人像小野二郎一样，他们的特点是在某个专业领域经过长期的练习，技术水平卓越非凡。尤其是在艺术领域和体育领域，这样的成功者比较多。我们可能听过齐白石学习画虾的故事，也可能见识过NBA球星科比有多痴迷于训练。在传统观念中，我们会承认他们能够下死功夫，但并不会把他们称为聪明人。但是，认知科学家不这样认为。他们也是聪明人。

第三类聪明人，像巴菲特这样的决策者，他们代表着许多成功的企业家、投资者，他们的特点是每天都面临各种重要的决策，需要他们运用自己的理智和各种认知策略来确保决策的准确性。在传统观念中，我们也常忽略这类聪明人。

4

如果以认知科学的角度来解读，这三种聪明人分别体现了三类智力。

第一类智力被称作**神经智力**，它是以神经系统的有效性和准确性为主要衡量目标，受基因的影响较大，天生的成分比较高。第二类智力被称为**经验智力**，它是由在不同领域长时间的学习、经验积累形成的技能体系或知识体系支撑的能力。第三类智力被称为**反省智力**，它与人类的理性密切相关。

真正的聪明就是这三种智力的组合。这是哈佛大学心理学家戴维·帕金斯（David Perkins）在1995年提出的可学习智力理论，也被称为"真智力理论"。

智力的本质究竟是神经的、经验的，还是反省的？追问智力本质时，许多理论都会这么介绍自己："我叫某某某，我是唯一的、真正的智力"。在智力的神经维度上，集大成的是1997年诞生、影响至今的CHC理论，强调一般智力（G因素）的重要性；在智力的经验维度上，集大成的是埃里克森提出的刻意练习理论与比约克关于有效学习的必要难度理论；在智力的反省维度，集大成的则是20世纪70年代开始的元认知理论与斯坦诺维奇的理商理论。[2]

然而，没必要纠结智力是神经的、经验的还是反省的，既然这三种智力都普遍存在于人类心智史上，那么当我们喊到请真正的智力站出来时，为何不让这三种智力共同登台呢？帕金斯在《出类拔萃的IQ》一书中，通过审查大量研究文献，认为神经智力、经验智力与反思智力三种智力构成了真智力，也就是"真正的智力"。[3]

神经智力和经验智力，你可能比较容易理解。然而，成为英才，人们最容易忽视的是反省智力。绝大多数人不明白，专家和新手最大的区别在于专家掌握了大量的反省智力：他们内隐知识的运用效率远高于其他人，他们的思维模式更为清晰。

例如当接触到新的软件、新的编程语言和新的编程术语时，绝大多数新手是先去搜索怎么学习该软件、编程语言，他们会得到一堆网络链接，然后新手把这些文章看完，从大海里淘出对自己有用的一些可以复用的步骤。这是新手的学习习惯。

但专家级工程师的学习习惯与一般人截然不同。他们接触到新的软件，会率先查看官方的帮助文档，明白有什么样的知识点，使得这个软件跟其他软件不一样，这样他们的学习效率会高很多。并且专家级工程师具备较强的生态链分析能力,他们学的不是 Python 与 Web 开发,而是掌握了 Python 的 Web 开发生态链;他们学的不是 Python 与数据科学,而是掌握了 Python 的数据科学生态链。

如果将人生比喻为一艘小船,那么神经智力就相当于马达,经验智力就是船员,而反省智力则是船长。提高反省智力,请记住三个关键词。

策略。策略是用脑、干事、思维的方法。你可能见过在班上学习成绩很好的同学,未来在社会上成就一般。他们中很多人缺的就是高层次策略,少了一些为人处世的先进方法。

积极态度。这个词很好理解。人生是一个长跑,你的人生中有很多挫折,如果没有一个积极的态度,没有一定的韧性,你是成就不了大事的。以往我们知道这个东西重要,但是并没有把它划进智力的范畴。

自我监控和管理。每个人都有一定水平的神经智力和经验智力,你必须了解自己,知道自己的状态,才能更好地调用这些智力资源。这也是反省智力的一部分。你知道你处于事业的哪个阶段,你知道怎么样调控时间,安排事情的优先级,你知道如何调节自己的情绪,而不是放任情绪。监控自己、管理自己,这也是智力。

5

正如哈佛大学认知心理学家帕金斯所说:**就像欧洲中世纪信奉**

地心说的人们一样，当下人们的智力观还停留在地心说时代。我们需要一场哥白尼式革命。[4]

目前，无论是普通大众还是许多专业研究者，他们对于智力的观念都存在严重误解。这场智力观念的哥白尼式革命究竟发生了哪些观念上的重大变化？我曾将传统的智力观总结如下：智力是内省的——智力是你个人的特质，并不依赖他人；智力是单维的——甲乙丙很聪明，意味着是一件事；智力是不变的——成年后，人们在不同情况下都表现稳定。

智力不是内省的，是分布的。诺贝尔奖得主更容易带出拿奖的学生，又如美国伊利诺伊大学香槟分校的科学家在2014年发表的一个研究，测试了144名脑部受损的越战老兵，对他们的大脑进行CT扫描后绘制出大脑地图。结果表明，社会功能关键脑区与情感和一般智力核心脑区有显著重叠。研究者由此提出，大脑智力结构是社会性的。也就是说，在社交时，我们的智力也在得到锻炼与提高。人类智力分布在千千万万颗大脑之上。[5]

智力不是单维的，是多维的。当我们谈论聪明人因人而异时，会在头脑中浮现出前文中的三类人：神经维度的聪明人——他天生反应敏捷，过目不忘，如纳什；经验维度的聪明人——他十年坚持不懈，终成专家，如小野二郎；反省维度的聪明人——他善于学习新知，创意非凡，如巴菲特、芒格。

智力更是可习得的。随着进化心理学的流行，人们普遍意识到人类携带着石器时代的大脑生活在互联网时代。不过，人们并没有普遍意识到，大脑刻下了三个历史时期的印记，分别是：

» A周期：数百万年，从600万年前人类与猿人分离后到200万年的更新世；
» B周期：数万年，符号语言诞生后到现代科学诞生前夕的数万年；
» C周期：数百年，近代科学诞生后的数百年。

在不同历史周期，各种智力发育不平衡。在A周期，我们选择贫瘠，忙于狩猎的男人与忙于采集的女人，需要大幅度改善视觉、听觉与记忆，调整身体的各个部位，例如让喉咙处于咽部下方，为语言诞生做好准备，此时更多地习得与强调神经智力。

在B周期，我们选择权多了一点，已诞生符号语言，此时主要习得与强调经验智力。有的人作为奴隶或佃农，通过积累捕猎、种地等经验，提高经验智力，扩大生存权；有的人则经验智力突出，拥有丰富的文字能力与特殊专长，伴随而来的是增加了相应的生存特权。

到了C周期，我们身处信息爆炸的时代，新的学科不断涌现，我们需要更频繁地从一个领域切换到另一个领域，这个时候，反省智力开始大放异彩。即使是普通大众，也需要提升反省智力。

6

人怎样才能变得更聪明？你看待世界的方式，就决定了世界对待你的方式。当你将智力看作一成不变时,你也就一成不变。心理学家、斯坦福大学教授卡罗尔·德韦克(Carol Dweck)提出了一个精妙的理论体系:心智模式(Mindset)。在她的书《看见成长的自己》中,她问道:为什么一些人常常相信智力是不能改变的,当面临任务挑战时,倾向于从自己的智商出发;而另一些人则常常相信智力是可以改变的呢?[6]前者,她称为僵化型心智模式;后者,她称为成长型心智模式。

僵化型心智模式的人倾向于炫耀自己以往的智商与既定成果,一旦遭遇挫折,则感到郁闷;而成长型心智模式的人则更灵活地看待人生中的挑战性任务。德韦克针对400名五年级学生进行实验,她比较了两组孩子,一组获得用功的表扬,另一组获得聪明的表扬。她发现被赞赏用功的那组测验成绩较好,也较能应付困难的功课。[7]德韦克指出:赞美孩子的天赋,多半使他们误以为凭天赋就会成功,不必努力。结果他们害怕考验,不会努力以保持好成绩,反而停下来任人赶上。

如果你坚信自己可以变得更聪明、智力可以提升,那么你的确会变得更聪明。你同时需要记住,人类的智力不仅仅是"智商测试所能测出的"那一种,还包括来自专业技能的智力和来自理性思维的智力。神经智力、经验智力与反省智力三者构成了"真正的智力"。你可以从科学用脑(理解神经智力)、大时间周期的刻意练习(提升经验智力)与提高理商(提升反省智力)三方面来努力。

伴随社会变得更加文明,暴力竞争逐步减少,现代竞争都开始转向智力竞争与信息竞争,多数组织的盈利模式源于智力不对称与信息不对称。未来整个世界的科技创新和社会创新，都在向两极倾斜，一是降低信息不对称，加快信息流通速度；二是增强个体或组织的集体智力。所谓英才，就是能在任何国家、任何制度，甚至任何星球都能活得很好，并且能对其他国家、其他制度、其他星球开展智力"侵略"的人。

小　结

当人们谈论智力时，通常沿袭1912年以来的错误观念，把智力等同于智商测试的分数，认为它只跟个人特质有关，且在成年后无法改变。从个人到整个社会，都将智力视为一种不可再生的稀缺资源。

然而，近20年的认知科学研究表明，智力是可以习得的。人类对智力的观念正在发生一场始自1995年的"哥白尼式革命"。那些相信自己可以变得更聪明的人，正在变得更聪明。祝福你，拥有真正的智力，从此变得更聪明。

第四节　格局：如何成为大格局者？

1

我喜欢懒洋洋的人生。这样的人生，甚至懒到谈恋爱，谈一次就好；工作，最好别换；萍水之交，越少越好。然而，2003年，我毕业不久时，还是换了一次工作，从一家清华大学旗下的校办企业，换到一家管理咨询公司。这家公司由三位创始人联合创办，是中国本土咨询业头部企业，三位老板，按照其股份多少，姑且将其称为A、B、C吧。

入职后不久的一天，中午时分，同事们正在工位上休息。突然，A老板像一个狂热的教主一样，站在过道那里，热血澎湃，慷慨激昂地说，我要向李自成学习，带出潼关十八骑，打下中国管理咨询业的天下，让我的管理学流派名扬四海。

同事们从昏昏欲睡的状态中醒来，惊讶地盯着他，心想：老大是不是吃错药了？为什么一家管理咨询公司要做教育培训业务？而A老板，在2006年注册独立控股子公司，正式启动自己的商学培训计划，广揽天下英才，帮助理工科而非接受传统MBA教育的名校硕士从事管理工作。如今，这家培训公司已上市又退市。而某位与我同一天入职这家公司的同事，十余年后，依然还在这家公司，并出任CEO。

A老板广收弟子，切入产业最上游，参股上市公司无数，发展最大；B老板通过分包与注册无数子公司，广邀加盟者，独霸一方；C老板守着老本，到处惹事，趁火打劫，发展最弱。我刚入职时，A老板最强，C老板业界地位与资金实力强于B老板，20年后，A老板格局强于B老板，B老板强于C老板。

什么是格局？这就是格局——超越自己的局限，获取更大的人生战略自由度。在很多书籍中，会提到一个"战略自由度"的概念。在企业经营决策过程中，我们需要寻找战略重点，并根据这些重点制定策略，以增加行动的自由选择范围。

同样，人生也存在战略自由度。格局大，就是人生战略自由度高。在庸才没感觉的时候，英才能听到内心使命的召唤，全神贯注，以狮搏兔，超越自我。相信他的人才则伴随英才一路成长，十余年后执掌一方。有大格局的英才与有执行力的人才共同成就一段佳话。就像这位老板一句广为流传的话所说的一样：

态度决定命运，气度决定格局，底蕴的厚度决定事业的高度。

2

心气有高低，格局有大小。那么，格局的大，指的是什么？——

超越了你的出身家庭、出身学校、所处阶层、所处行业等的局限。

以阶层为例。像我这样的湘南小镇出身的孩子的优点是勤奋、能吃苦。但是如果始终强调这个优点，执着地突出自己的勤奋吃苦，那么，格局仍然不大。一个"富二代"，看到一个勤奋、很拼的农村孩子，他会觉得可敬但可怕，心有余而力不足，敬而远之。这时，"穷小子""灰姑娘"与"富二代"两个阶层依然无法对话。格局变大就是农村孩子开始像城市孩子一样，能说会道，善于社交，逐步摆脱了自己出身的地域和阶层局限。

格局变得更大，一定是意味着你能与更多阶层的人对话。你超越了自己的出身，能够与更多阶层的人对话。就像之前管理咨询行业没人做过系统的、大规模的人才培养计划，而A老板超越了自己所处的行业局限，敢为天下先，这就是好的格局观。最终将事情做成，这就形成了大格局。

这种层次的差距，有时是先天的，比如你与富二代的对话能力；有时是后天的，比如你与学术权威的对话能力。这种层级的差距，不仅指向比你当前层次更高的人，还指向比你当前层次更低的人。就像一个国家的文明程度在于这个国家对待孩子与弱者的态度。同样，见强者趋炎附势，见弱者落井下石，不是大格局者所为。

《花间集》中有诗云："换我心为你心，始知相忆深"。[1]而大格局者则能"换他心为我心"，甚至"换天下心为我心"。这里的"我心""他心"和"天下心"，区别了不同的格局。正如我在前文中所言，时间如格，人生如局，既有小格局者，大格局者当超越自我，到了一定高度，就成了北宋大儒张载所言：为天地立心，为生民立命；为往圣继绝学，为万世开太平。

那么，如何提高自己的格局呢？**有三个关键词：跃迁、读写、直觉。**

3

先说跃迁。格局不大，是因为始终待在之前的圈子内。"穷小子"或"灰姑娘"的格局小，是因为起点太低了。如果一辈子难以信任他人，始终与"穷亲戚""穷爸妈"捆绑在一起，怎么可能获得命运的突变呢？"穷小子""灰姑娘"逆袭成功，往往就是遇到一个值得信任的伴侣；而连战连捷，就是连续遇到几个相互信任的好师友。

那么，怎样才能更好地在不同层次的人际网络中穿梭自如、游刃有余呢？心灵鸡汤总是告诉你，在一个尽可能大的市场上去创业，与层次尽可能高的人交朋友，想方设法去管理人脉……

然而，真相并非如此。不仅仅是工作记忆的广度受制于7，人类社交网络的跃迁同样遵循7%原理。你能管理的社交网络容量、你的信息传播能力与你的个人影响力发展同样受到7这个神奇数字的制约。

我组织翻译的《社会网络分析》一书的作者在实验中发现，当网络密度接近7%的时候，网络才从线性增长转变为病毒式扩散。[2]也就是说，当转发一个视频、加入一个网络社群的人的比例达到7%的时候，其他人才会在关键阶段马上跟进。这是一个推动脸书走出哈佛大学的神奇数字。脸书一步一步地跃迁，总是遵循一个规则——在一个社群里到达饱和点之后才加入一个更大的社群。请记住这个研究结论的关键启发。

你刚开始的时候，需要进入适合你的网络，并非越大的网络越好。举例来说，在你年轻时，更重要的是加入能信任你的同侪、能带你的导师的人际网络。其他人都是闲杂人等。你可以不用管他们。

明确自己在当前层次的人际网络中，需要做好的程度：7%。你必须在你当前所处的社交网络中，拥有至少7%的人的认可，这7%的人乐意向他们的社交网络中的人推荐你本人或者你的产品。

在一个小的人际网络中达到一定高度后，需要及时跃迁。这是多数人的格局上不去的一个根本原因。举例来说，一位杰出的认知心理学家可能已经得到圈内30%的人的认可了，但是他的研究成果过于专业和细化，难以与其他学术网络的人交流并难以被其他研究者或学科引用。因此，他的格局并不大。

反之，一位细分领域的认知心理学家能够成为举世公认的大科学家，往往是因为他们处在一个交叉学科的位置，成功地跃迁到了更大的网络中，从而引发了众多不同子学科的学术论文引用。如卡尼曼在经济学与认知科学的交集上，如约书亚·特南鲍姆（Joshua Tenenbaum）在机器学习与认知科学的交集上，如平克在语言学、写作与认知科学的交集上。

4

提升格局的另外两个关键点是读写和直觉。

有一段时间,因为项目关系,我需要不断跟人聊天,反复涉及"格局"一词。如果你的起点不高,格局不大,应该如何提升格局呢?我的建议是,读一本又一本好书,踏踏实实,一篇又一篇笔记写下去,写到一千本,自成天地,格局就是这样一点一点拓展开的。对于提高格局来说,读书与写作为什么重要?

人的格局变得更大,意味着你能与更多阶层的人对话,能上能下。某天晚上,我与一位好友参加一场外事交流活动,他的言谈举止镇住了全场,太迷人了。这就是对话能力。当你能够与很多阶层对话,那么产生机会,自然是水到渠成的事。

然而,在现实生活中,你可能并没有那么多机会与不同阶层的人进行对话。因此,广泛的阅读就变得重要。就像芒格所言,阅读可以让你与很多"已逝的伟人"交朋友。

> 我本人是个传记迷。我觉得你要是想让人们认识有用的伟大概念,最好是将这些概念和提出它们的伟人的生活和个性联系起来。我想你要是能够和亚当·斯密交朋友,那你的经济学肯定可以学得更好。和"已逝的伟人"交朋友,这听起来很好玩,但如果你确实在生活中与已逝的伟人成为朋友,那么我认为你会过上更好的生活,得到更好的教育。这种方法比简单地给出一些基本概念好得多。[3]

如果说阅读帮助你与很多"已逝的伟人"交朋友，那么写作帮助你与很多"不在身边的人"交朋友。承诺少，给得多，这是当妈的；说多少，是多少，这是市场契约；承诺多，给得少，这是人情。自己人、陌生人与熟人，构成中国复杂的人际关系格局。

正是通过写作，你得以有机会用自己的思想引起人们的共鸣，从而产生了更多让陌生人成为熟人或者自己人的机会。正如硅谷创业教父保罗·格雷厄姆在《如何写作》开篇所言：

> 写作不仅交流想法，更催生想法。但大部分人，终其一生都不能意识到好的写作竟如此重要。如果你不善写作，也不爱写作，那么，你的余生将与贫瘠思想为伍，错过经由写作带来的新世界。[4]

写作不仅催生想法，更带来信任。我已经见过太多借助于写作获得工作机会、提升格局的案例。同样，我也会格外提醒同事，如果应聘者有长期撰写博客的经历，只要基础技能匹配，一般都要给对方面试机会。通过长期写作，你能够让外人看到自己的折腾、挣扎、失落、成长、快乐、收获。如果我都不了解你，我又怎能信任你？

5

再来谈谈直觉。人们常将格局误解为英文单词Vision（可译为

"愿景"等），但实际上，格局并非如此。格局是事后结果的涌现，而 Vision 是提前的展望。Vision 这个词有问题，它假定你能在 N 年前就看到 N 年后的趋势。然而你看不到未来。视觉是外显意识，你需要借助算法心智对其进行加工；然而多数时候，你只能朦胧地感知到未来，大脑在自主心智层面上进行信息加工。

因此，你常常会看到大格局者提到"直觉"的重要。这是否定的再否定。职场新人过于依赖"直觉"，此时的直觉是未经训练的直觉，它多半是错误的；职场高手则通过大量的"反直觉"训练，建立自己的知识体系。然而，在达到更高的境界时，那些接受过大量"反直觉"训练的人的直觉系统变得更为重要。认知科学家加里·克莱因（Gary Klein）将这种高阶直觉称为洞察力。[5] 洞察力是什么？它是你所有神经元细胞在那一刹，做出的最佳判断。

为什么不少大格局者，如乔布斯，都推崇简单的生活方式？因为只有生活方式简单的人，才更容易在那一刹那捕捉到灵感。你很难想象一个整天忙于社交的人，能保护自己的直觉。反之，人们常常在有意无意间与他人合谋，伤害自己的直觉。常见的三种伤害直觉的方式有：**言语、父母与配偶、运气**。

先说言语。请不要轻易将直觉付诸语言。一个常见的例子是，年轻的时候，直觉告诉你，你喜欢某个女孩，但当你写了几封情书后，你发现自己并没有那么喜欢她。"道可道，非常道"。《道德经》中这句话很有道理。一旦你用语言来"编码"直觉，那就需要经过"工作记忆"来加工了，落入了算法心智层面进行工作。所以中国古代大儒常常推崇不落文字，王阳明则将其称为：言益详，道益晦。

同样，佛教也有一句类似的话：善护念。好的心念，直觉感知到的，请不要急于表达出来。认知科学家发现，如果你说出了自己的新年目标，那目标多半实现不了。

在回顾历史上各类智者故事时，你会发现他们普遍存在一个悟道时刻。如欧洲社会心理学创始人莫斯科维奇30岁读皮亚杰的著作时顿悟；又如乔布斯在印度朝圣时顿悟；再如鼠标之父恩格尔巴特25岁刚订婚不久，于落叶纷飞的树下顿悟。[6]那个时候，他们无须与人交流，会经由直觉找到自己的使命（Calling）。

在生命旅程里，他们会不断听到内心的一个声音在反复诉说。然而，他们并不知道这种诉说是什么，只能朦胧地感知到。

幸运的人，不会将它诉诸笔端，而是默默留在心里。那么，使命（Calling）就在心间日益放大，放大，再放大，在未来，直觉会感知到它。使命难以表达，它极可能是在幼时埋下的一颗种子。种子与种子会竞争，你的大脑只会保留一个强大的进程。于是乎，你很难看到一位超级大牛拥有无数个使命。所谓念念不忘，必有回响，必定是在内心反复地回响。

神话是众人的梦，梦是众人的神话。[7]英雄只有一个，但他会带着不同的面具出现；同样，使命也只有一个，但它会带着不同的面具出现。英才承载着众人的梦，去执行人类的使命。

除了言语这类最可怕的杀伤直觉与使命的东西，还有一类最能伤害直觉与使命，倒不是金钱，而是父母与配偶。

实际上，年轻人与父母之间也会竞争。为什么原始人十来岁就能上山打猎，到现在，一个人可能二三十岁了，还在读博士？我们真的需要博士教育吗？这是进化带来的缺陷。为避免年轻一代过早地与前辈竞争，抢夺前辈的工作机会，逐渐演化形成了这样的规律——伴随整个社会人群智力水平的提高，年轻一代的受教育时间也逐渐延长。

社会演化趋势有其合理性。过早地与父辈社会对抗的人，需要有足够的资源，否则会被这个社会的无情压力所击败。同辈社会与父辈社会相互竞争，抢资源。这种竞争，因为包裹了像蜜糖一样的爱，所以更加隐蔽。伴随同辈群体逐步成长，再来与父辈社会竞争，这是社会演化主流，但是风险小，产出也小。

因此，你的直觉可能驱使你去做一件事情，但整个社会的习俗和演化趋势可能引导你选择继续深造。如果你心智成熟，可以绕过这个进化缺陷。例如早早放弃读书的比尔·盖茨（Bill Gates）、马克·扎克伯格（Mark Zuckerberg）就绕开了这个缺陷。从这个角度来讲，"父母有毒"，而且，这种毒还是不知不觉的，你难以对抗的。

至于配偶，又是另一个问题。找到满意的配偶，是一个小概率事件。按照我的理论，中国人的婚恋关系分外人、自己人与另一半三类。多数婚恋的悲剧在于，你以为对方是另一半，对方将你当作外人。不少夫妻都在自己人阶段进行"利益交换"，又混杂了一定的感情，结果导致"散伙很难，相爱一般，过日子而已"。

因此，结婚或恋爱后，你的所谓使命可能很快就变成简单地"过日子"。你的生活模式被一个亲近的人用一套你们已经习惯的日常生活逻辑来解释。从此，你们对生活中出现的一些新变化、新机会、新使命不再好奇。因为这个"自己人"是你的利益同盟军，他/她的利益几乎等同于你的利益。所以大多数人，一辈子，也就这样了。只有那种极其稀罕的灵魂伴侣才会过渡到婚恋的"另一半"阶段。你无须说，他/她即明白。典型范例是钱锺书与杨绛。

6

最后，说说运气。因为人们容易路径依赖，大脑爱偷懒，所以人生的初始选择较为重要。

如果你在20世纪80年代学习心理学，可能发现整个学科都被取消了。如果你现在学习心理学，可能面临大学毕业即失业，不得不考研的情况。如果你在21世纪初出国攻读心理学，学习认知疗法回国，那么现在可能是一位权威的心理咨询师；如果你学习认知神经科学回国，那么现在可能是一位大学心理学系教授。

这些选择，多半是在信息不对称环境下做出的。最初启动、引发最终选择的，通常是偶然的小事。随机才是生活的常态。所以，运气很重要。

那么，爱读书、爱学习为何能创造好运气呢？我想，爱读书、爱学习，并不能真正地创造好运气，而是改善了你对直觉的朦胧感知能力。一个在柏拉图洞穴里面的人，相对于其他洞穴里的人，更接近光。

热爱读书与学习的人，他们能够模糊地感知到一些更深层次的事物，因为所有他们读过的书、经历过的事都不会消失，这些都会储存在他们记忆的无尽深处。如果他们的直觉积累了大量的素材，那么他们能够模糊地感知到应该向哪个方向前进。如果他们掌握了正确使用直觉的方法，那么他们的外在表现就会显得运气极好。

我们可以将营造直觉与环境的关系总结为两个简单公式：

» 容易产生好直觉的环境＝充分的睡眠＋悠闲的生活＋足够自由的工作内容；
» 能够保护好直觉的环境＝简单的生活＋规律的创作训练＋强大的内在自信。

伟大的爱情，是你与对方在那一刻共振了；伟大的事业，是你与某个机会在那一刻共振了。这些伟大，常常来自直觉系统。但这些直觉系统又广泛地依赖你的计算系统，诸如平时的自律、广泛的阅读、充分的睡眠、适当的运动等。

小　结

换我心为你心，始知相忆深。心气有高低，格局有大小，我心、他心、天下心，区分开不同格局。

伟大源于复利；人生意义源于涌现。心气、智力与格局，祝你从此踏上这条英才之路。

第二章

作品：形态、稳定与创新
如何用作品牵引学习与工作？

第一节　用作品牵引学习与工作

1

2023年6月,我在深圳举办了一场读者见面会活动。当时负责接送我的是一位在深圳从事技术管理的学员。我原本以为他比我年轻,但是在深入交谈后,我才发现他比我大两岁。他出生于1978年,而我出生于1980年。我们两人都属于大学扩招前的那一代人。

那么,来看看我们这一代人的成长经历。我们这一代人在0~24岁的阶段里,经历了义务教育、高中教育以及高等教育。接着我们开始工作,从24岁到36岁,逐渐精通自己所在领域的专业技能。我从事心理学和计算机领域的工作,这位学员从事通信和大数据领域的工作。我们到了30多岁的时候,在自己领域内该掌握的知识差不多都掌握了。

然而,当我问这位学员"你的作品是什么"时,他可能无法立即回答出来。他有良好的教育经历和工作经历,但似乎没有能被称为"作品"的事物。然而,如果让他说出我的"作品",他马上能回答出来,因为他是通过读我的书、上我的课,以及购买我创办的公司开发的产品认识我的。同样，如果你用这个问题去询问更多的人，大多数人会难以回答出自己的"作品"是什么。

这真是一件有趣的事！无数人有良好的教育经历——从重点小学、重点初中、重点高中到重点大学一路读下来；也有不错的工作经历——在某些领域的头部公司稳稳地工作了数十年。但是，当我们谈到"作品"时，就显得有些尴尬了。似乎只能用公司的产品来代表。公司越大，似乎意味着自己的作品越厉害。在互联网行业，甚至出现了一种争抢大公司工牌的现象，似乎一旦挂上某个大公司的工牌，自己就变成了厉害的人。

2

所以，什么才算是作品呢？对于一名知识工作者来说，**作品是你独立或与人协作完成的创造性成果。**

有几类典型的作品。一类是艺术作品，如文学、音乐、绘画、雕塑、电影、戏剧、舞蹈等，它们通常以著作或表演作为载体。另一类是科研作品，如科学研究、设计、发明的成果等，它们通常用论文、专著、奖项、专利来做载体。还有一类是工程作品，如软件工程、硬件工程、建筑工程、通信工程、机械工程、医学工程的成果等，它们通常用代码、设计图、工艺手册等来做载体。而最特殊的一类作品是组织作品，如公益组织、商业组织等，它们通常用协会、学会、公司、品牌来做载体。

从作品的词源来看，在英文中，"作品"通常被翻译为"work"，它源自古英语的"weorc"，原意是劳动、工作、行动或事业，也可以用来指代某人的成果或成就。西方有一句谚语，"行动胜于雄辩"，这里的"行动"原文用的就是"weorc"，因此，某种意义上，你也可以将其翻译为"用作品说话"。

在中文里，"作品"是由两个字组成的。"作"指创造或制作，"品"指结果或物品。按照字面意思，"作品"原本应该是指"创造的结果"或"制作的物品"。然而，如果你详细阅读中国古代典籍，会发现一个奇特的现象，那就是古籍中并未出现"作品"这个词。直到19世纪末晚清西学东渐之后，"作品"这个词才正式通行于世。

某种意义上，这与中国古典文化中经久不衰的"道器分离"思潮有关。《易经·系辞》说："形而上者谓之道，形而下者谓之器。"又有《道德经》说："朴散则为器"，《论语·为政》说："君子不器"。[1]隐隐约约，先贤鼓励你追求抽象超越的"道"，而非形象具体的"器"。在这样的思潮影响下，古代大儒大德大修，多强调"述而不作"。这种传统有积极的一面，但也阻碍了我们认识作品。

回顾词源，作品首先是一种创造性的成果。成果一定是有一个载体的，能够通过这个载体外显出来，而不是停留在你头脑中的一个东西。在21世纪，针对作品的相关法律保护已经相当健全，它通常受到知识产权保护。作者以及参与创作的人，原则上都拥有相应的署名权或利益分配权。这便是作品与教育、工作之间的明显区别。

教育和工作并不一定能产生具有创造性的成果。因为教材已经规定好了你的学习范围，你只需按照教材进行学习，为通过考试而刷题，显然这样的学习并不能够给社会带来太多新价值。同样，在教育中，你并不拥有署名权（除非你是知名校友，学校可能会铭刻你的姓名），更谈不上参与利益分配。

大多数时候，我们在工作中并不拥有署名权，都是在幕后默默付出。只有在就职期间，我们才能获得一份报酬，通常被称为"工资"。离职之后，你一般就不再参与利益分配了。即使你的工作产生了巨大的经济收入，但只要你离职，那么收益就与你无关。

作品与教育、工作的另一个重大区别是，作品常常是从个人的角度出发，而教育和工作则更多地是接受他人的引导和规训。在教育与工作中，你更多地是接受他人的指令；而作品更多地是自己指挥自己，根据自己的兴趣与能力去创作。前者是被动的，我接受学习、接受工作；后者是主动的，我在某年某月，一个人或者与人合作，创作了什么。

3

回顾我们这一代人的成长历程，我们普遍接受了这样一套逻辑："学习→工作→作品"。先是学习，然后是工作，最后才有可能产生作品。作品常常被视为工作的副产品，似乎它的存在并不是那么重要。无论是工作还是作品，其前提都必须是学习。

这套逻辑中隐藏着四个看似无可挑剔、绝对正确的默认假设。

» 假设一：学校组织的学习，更科学、更高效。
» 假设二：经过学校组织的学习，我们更容易找到工作。
» 假设三：在正式组织中工作，我们创作作品的效率更高。
» 假设四：在正式组织中工作，我们获得的经济收益更大。

在过去百年中，经过社会文化的长期规训，我们已将上述假设视为一种不证自明的社会"真理"。所有人都不经思考地默认这套逻辑是合理、科学且高效的。

然而，这些并非真理，只是一些经不起推敲的"假设"。让我们逐一审查它们。

假设一：学校组织的学习，更科学、更高效。如果回到工业革命诞生之时，这个观点显然是正确的。那时社会上绝大多数人都是文盲，并不具备任何知识。在这样的时代背景之下，由学校组织的学习，确实更科学、更高效。因为在家中，我们并不拥有教育资源。同样，回到我们这一代人的成长历史，显然这个假设也有一定的合理之处。我们这一代，父母的文化程度普遍不高。

但是，到了21世纪，这个假设已经不再完全成立。主要变化来自两方面。一方面，今天的知识变化太快，无数新专业层出不穷，学校组织的学习，可能已经从教材、大纲、师资等全方面落后于实践发展，并没有那么科学与高效。如计算机与人工智能专业，直接在Github上自学，不一定比在大学计算机系学习效果差。

另一方面，现在有很多家长已经接受过高等教育，有能力引导孩子自学成才。相对大规模供给的学校教育，个性化的家庭教育也在蓬勃兴起。美国经济学家布莱恩·卡普兰（Bryan Caplan）在《教育的浪费》中通过翔实的数据，援引多学科材料，认为学校教育并非必需品，有太多浪费之处。他拿自己的孩子做了一个激进的实验，孩子在家自学，最后依然成才。[2]同样，《如何阅读西方经典》的作者苏珊·怀斯·鲍尔（Susan Wise Bauer）从来没有接受过正规中小学教育，而是接受家庭教育，10岁学习拉丁语，14岁成为职业音乐家，16岁时写出3部小说，17岁进入大学学习，最后成为大学教授与畅销书作家。[3]这类例子在世界各国，尤其是发达国家的中产阶级家庭中屡见不鲜。"在家上学"成为一个热门话题。

假设二：经过学校组织的学习，我们更容易找到工作。在20世纪，这个假设的确成立。因为大量工种需要受过专业教育和训练的人才。受过学校教育的人比没有受过教育的人更容易找到工作；接受过高等教育或专门教育的人，比只受过中等教育的人，找到的工作更好。学校颁发的文凭成了求职的敲门砖。

然而，到了21世纪，这个看似理所当然的观念，在实际生活中的效力已经变得不那么明显了。核心变化来自文凭在求职时的失灵。经历了学校组织的学习、拿到相应文凭，原本能够帮助我们找到工作或者找到更好的工作。但是现在大量工作中用到的技能并没有在学校组织的学习中传授。更要命的是，拥有文凭的人变多了，它不再具备求职加成的效力。高等教育普及化的结果就是大学文凭日益贬值,现在除了少数头部精英大学的文凭依然被认可,排名靠后的大学颁发的文凭已经在求职市场逐步失去了效力。一些人文社科类专业,大学一毕业即失业的现象格外突出。

假设三:在正式组织中工作,我们创作作品的效率更高。我们常常认为只有在正式的组织中工作,才能有所产出。然而,我们在工作中的成果,多半不是我们真正想要的作品,也并没有为我们的人生发展带来实质性的帮助。有一种生活方式在一线城市的科技金融行业从业者中尤其突出,我将其称为"白天消耗,晚上躺平"。白天在公司工作,做着琐碎无聊的事情,养家糊口,基本上变成了公司的"人肉电池"。晚上回家后,只能给自己稍微充一下电,而这个充电的方式,一般是拿出手机刷抖音。这样的生活,与我们自己想做的作品,实际上没有丝毫关系。

假设四:在正式组织中工作,我们获得的经济收益更大。在工业时代,的确如此。个人力量微不足道,从生产、制造再到市场营销、售后服务,在每一个环节上,内部协同效率远胜于外部供应商。人们难以脱离组织,独立获得经济收益。

然而,在21世纪,随着生产和销售的数字化,每个环节都有大量外部供应商,这使得个人的力量得到了放大。一人公司、超级个体、个人IP等概念日益流行;主播、网红、自由职业者成为新兴职业。在许多情况下,他们的收入甚至远远超过了在正式组织中工作所能得到的经济收益。

4

"学习=>工作=>作品"的逻辑显然存在问题，AI时代的到来进一步凸显了这些问题。

自2023年3月以来，整个世界步入一个以生成式人工智能为标志的AI时代。[4]生成式人工智能将海量的信息预训练成大模型，并能根据我们每个人的需求，更智能地进行信息生成。生成式人工智能拥有极其庞大的知识，这些知识在被压缩进大模型之后，可以被我们调用。你能调用出何种知识，取决于你所使用的大模型以及你的提问方式。

在这样的技术变革下，传统的"学习=>工作=>作品"流程显得尤其荒谬，因为AI能根据你的需求，直接生成作品。无论是在绘画领域、翻译领域，还是编程领域，AI生成的作品，与专业人士的作品几乎无异。既然如此，为什么我们还要让孩子们花上10年、20年的时间去学习？等到30岁的时候，他们终于变成了熟练的"人肉电池"、胜任工作之后，才有机会去创造一些工作的副产品——作品？

这样的人生发展路径实际上违背人性。我们需要抵抗多少诱惑，战胜多少同龄人，才能胜出？常见的抵抗诱惑包括：青春期不能谈恋爱，这样你才可能考上好大学；工作初期不能肆意消费，这样你才可能攒钱用于下一步人生发展。

在信息贫瘠的时代以及经济突飞猛进的时代，我们能接受这类模式，因为我们没见过好东西，因为我们的预期较低，回报较大。

我们知道，只要付出努力，未来必然会有回报。然而，如今的环境大不相同。

更多的诱惑。一个课题组调查数据显示，在全国17984名受访的中小学生中，超过60%的学生拥有个人专属的手机、平板电脑、电脑等电子产品。[5]小学、初中、高中学生每周玩电子游戏的时间依次递增。不仅中小学生如此，成年人沉迷于游戏、直播、短视频与网络小说的人亦不少。

更饱和的信息。微信、微博、抖音、B站、小红书等无数信息平台等着你。总有一款能把你的时间抢走。如今人们的时间有很大一部分被各种数字设备占据了。当一个人的时间被App绑架，你还是你吗？

实际上，我们的时间可以分为两种：一种用于个人创作，另一种用于消费他人提供的信息产品或实物产品。如今有一个格外明显的趋势：你用于个人创作的时间越来越少，而用于消费的时间越来越多。相比消费，创作更容易产生心流体验。这是一种远胜其他廉价愉悦感的高级体验。而消费带来的愉悦感会逐渐下降。当你长期沉迷于游戏、直播、短视频与网络小说时，你的各种体验阈限都会发生变化，大脑分泌多巴胺的能力日渐衰退，产生心流体验变得越来越困难。

更少的机遇。1994年，中国开启了互联网的大门；2001年，中国加入世界贸易组织；2010年，中国又开启了移动互联网的新时代。只要你跟这三个大趋势有关系，你的职业生涯就是一个上升通道。无论你是创业，还是在公司上班，或是做其他事情，都会变得相对容易。然而，对于我们的下一代，情况已经发生了很大的变化。

现在，互联网的普及率已到峰值，难以提高，手机的更换率也在下降。同时，中国加入世界贸易组织的许多红利已经消耗殆尽。甚至像AI时代诞生的机遇，也只是为少数精英人士准备的。世界上最前沿的人工智能公司OpenAI不过数百人而已，而AI的快速发展，使得翻译等行业出现大面积失业等现象。

更激烈的竞争。2023年中国大学毕业生数量达到1158万，研究生报考人数为474万，招生人数为124.2万人。[6]而在2002年，大学毕业生数量仅为133.73万人，研究生报考人数为62.4万，招生人数为20.26万人。[7]

然而社会上提供的工作岗位增长速度有限。在AI时代，我们还面临来自人工智能的竞争。一些精英人士运用大模型展现出的战斗力和产值远超大规模团队。在AI领域，有些公司员工不足100人，却已经实现了超过10亿美元的营收。这些公司的产值极大，为社会创造了巨大的价值，然而，所提供的工作岗位却在急剧萎缩。

5

更多的诱惑，更饱和的信息，更少的机遇，更激烈的竞争。传统人生发展路径受到挑战。那么，更好的人生发展路径是什么？答案是用作品牵引学习与工作，如下图所示。

```
        学习
   ↗         ↘
作品           作品
   ↘         ↗
        工作
```

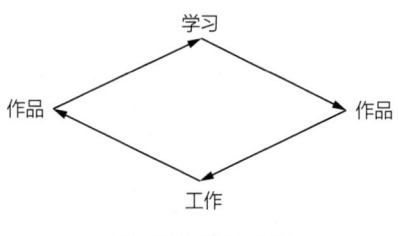

用作品牵引学习与工作

用作品牵引学习与工作——我们不再默认先学习才能创造作品，而是以创作作品为目标去学习。我们不再默认必须先工作才能产出作品，而是以创作作品为动力去工作。在过去，我们总是先学习，然后工作，工作过程中可能产出作品，也可能一无所获。而现在，我们以作品为引导，驱动学习与工作，尽早创作出更优质的作品。

美团创始人王兴和豆瓣创始人阿北一开始并非程序员，对编程一无所知，但他们为了创建美团和豆瓣，主动去学习编程。同样，华为创始人任正非创业之初，并不懂通信设备，但发现市场需求之后，就去学习如何开发程控交换机。在21世纪，很多英才都是这样，为了创造某个作品，不懂的就去学。整个逻辑截然不同，它以作品为先，然后在此过程中，需要什么就学什么。

当我们保持开放心态，学习了许多知识后，我们终于完成了作品的初版。第一版的美团、豆瓣或者华为的程控交换机都是简陋的。但是，我们可以基于我们创造的作品，开始给他人提供价值，这个时候它就变成了一种工作。我们开始与他人进行交易，得到反馈和资金。然后我们就可以利用这些反馈和资金，继续完善我们的作品。

长期以作品牵引学习与工作，作品、学习、工作逐渐交织在一起，构成你的人生发展飞轮。最终，随着飞轮转动速度的加快，你的人生发展也将越来越顺。

6

在与开篇提到的那位接送我的学员交流时，我们谈到了他大约10岁的女儿。我让他做一个极端的思想实验——假设他的女儿没有任何大学文凭，他能否负担起女儿的生活和创作？答案显然是肯定的。即使我们的孩子没有任何大学文凭，不找任何全职工作，只是全力以赴创作，不少家庭都能负担得起。当然，这并不是让孩子放弃高等教育，而是通过这个小小的思想实验，我们发现很多看似不证自明的传统假设，在今天已经过时了。

不妨让一个十多岁的孩子尽早开始接受创作者的训练。以这位学员的女儿为例，她喜欢唱歌，那么是不是可以让她学习如何创作歌曲呢？尽管她没有参加过钢琴考级，但她显然会因为创作作品的目标而对学习钢琴产生兴趣。这种出于兴趣的学习与参加钢琴考级的学习完全不同。因为参加钢琴考级，需要掌握的知识点是广泛的，但我们在作曲中真正用到的钢琴知识并不需要那么多。我们只需要其中的一部分与作曲相关的钢琴知识即可。

假设这位孩子坚持10年，每年创作10首歌曲，那么在她20岁时，她将拥有多少作品？答案是100首。而在整个学习过程中，请音乐学院的教授指点、获得听众反馈，是不是又继续提升自己的创作能力？最后，是否拿到音乐学院的文凭不再重要。更重要的是，你创作出了什么好作品？你知道吗？大量音乐人，例如伍佰、刀郎、五条人乐队，都非科班出身。

早期作品往往是简陋的，达不到很高的水平。但只要我们按照科学合理的步骤设计，一旦作品数量增加，达到100首，我们或许可以从中挑选出10首优秀的作品。这个时候，孩子才20岁，她有十首拿得出手的曲子。如果10%的概率过大，那么我们可以将其降低到1%，也就是说100首歌曲里面，有一首优秀的作品。再退一步，如果20岁做不到，坚持到她30岁的时候是不是很容易做得到？

一旦用作品去牵引学习与工作，早早地开始创造作品，就更容易获得心流体验这类高级愉悦感。这样一来，在学生时期就更容易远离电子游戏、校园欺凌、青春期抑郁这些问题。而在工作后，当许多人在30岁左右为生计感到焦虑。这位女孩，她会焦虑这些东西吗？她选择的通常是自己有天赋、感兴趣的专业领域，并且已经在这个领域工作20余年。

相比那些从重点小学、重点初中、重点高中毕业，然后去知名企业求职的道路，未来的社会对哪一条道路更有利呢？答案现在已经很明显了。你天天还在加班时，那些创作者已经可以凭自己的作品有不错的收入了。你的整个职业生涯随着工作的变化而变化，随着所在公司的变化而变化，这样难以形成超过10年的长期复利效应。而那些创作者，更容易形成复利效应。

实际上，这条成才之路被许多家长忽视了。有两个深层次原因，一个原因是家长们没有普遍意识到时代趋势的变化；另一个原因在于家长们自己并没有接受很好的创作者训练，从中尝到的甜头较少，更没有相应的资源针对自己的孩子因材施教，提供匹配的创作者成长路径。

在AI时代之前，成为创作者是一条可选路线。社会提供的机遇众多，竞争较少。那时候，受过高等教育的知识工作者并不多。因此，无论做什么，只要能抓住那个时代的红利，总能脱颖而出。成为一名能力强大的创作者只是一个可选项，你可以选择成为，也可以选择不成为。社会上有许多知识工作者，并非传统意义上的创作者，依然过得很好。

然而，到了现在的AI时代，那些缺乏创新性的工作岗位正在逐步被AI取代，成为创作者已经从可选路线变成了首选路线。唯有如此，才能在激烈的社会竞争中获得较大收益。只有这样，才能更好地保护你每天的注意力。**如果你的时间不用于创作，那么就会被大量的App或消费品抢走。**

7

在AI时代，成为创作者，用作品说话，变得无比重要。那么，如何更好地成为创作者呢？从原则到实践，我们面临三个难题，如下图所示。

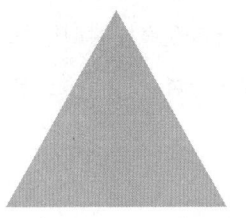

形态：我应该选择什么样的作品形态？

稳定：我如何才能持续创作？　　　创新：我的作品是否足够创新？

用作品说话的三个难题

第一个难题关乎"形态"——我应该选择什么样的作品形态？第二个难题关乎"稳定"——我如何才能持续创作？第三个难题关乎"创新"——我的作品是否足够创新？在接下来的章节中，我们将逐一解答这些难题。

小　结

世间万物皆如浮云，唯有作品恒久流传。今天，你是否为自己的作品付出了努力？用作品说话——这也许是一种对人生负责的态度。祝你，成为有作品的人。

第二节　形态：我应该选择什么样的作品形态？

1

在这一节，我们要探讨的难题是——我应该选择什么样的作品形态？很多人不是不想成为创作者，而是选择了错误的、并不适合自己的作品形态，从而难以坚持下来。

你可能听说过许多关于作品的分类，比如我们在上一节中提到的艺术作品、科研作品、工程作品和组织作品。这些分类实际上都是从社会的视角来划分的，即社会需要什么样的作品，而不是个人视角——我适合创作什么样的作品？

如果从个人视角出发，你在创作作品时，究竟依赖什么？从认知科学的角度来看，你在创作作品时，实际依赖的是人体对外输出系统。人体对外输出系统主要指那些能够将物质或信息从体内排出或传输到体外的系统，主要包括消化系统、泌尿系统、呼吸系统、皮肤系统、内分泌系统、神经系统和感觉系统、生殖系统等。每个系统都有其特定的输出方式，这些系统共同帮助人体维持内环境的稳定和与外界的交互。

对一位身体健康的创作者来说，最重要的莫过于神经系统和感觉系统。它主要负责通过五官（视觉、听觉、嗅觉、味觉、触觉）接收外界信息，并通过表情、言语、肢体动作等方式向外界传递信息。其中最重要的两个处理输出信息为主的子系统是：语言系统与运动控制系统。前者主要负责处理和产生语言；后者主要负责人体对身体行为的控制和协调。

2

从一个更底层的角度来思考，你创作的作品，颇为依赖语言系统与运动控制系统。因此，思考我应该创作什么样的作品，不妨从此出发。据此，我们提出一个新型作品分类系统，如下图所示。

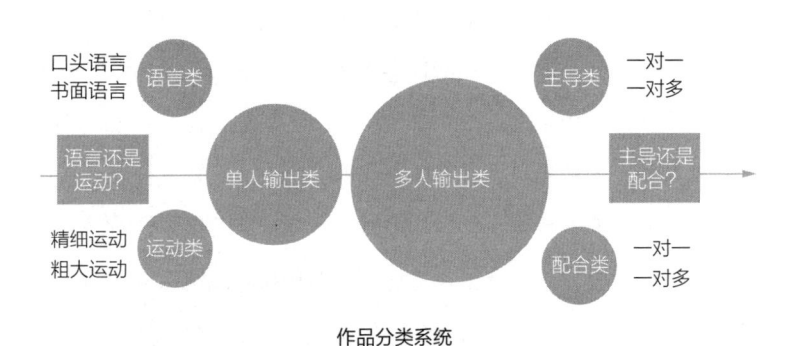

作品分类系统

——解释如下。首先，我们根据完成作品是一个人独立完成，还是需要多人协同完成，将作品形态分为"单人输出类"和"多人输出类"两大类。

其次，我们根据主要使用的是"语言系统"还是"运动控制系统"，将"单人输出类"作品形态划分为"语言类"和"运动类"。以"语言类"为例，既有基于口头语言的，例如演讲、脱口秀等；还有基于书面语言的，例如小说、散文、戏剧、诗歌、论文、专著、漫画、广告、幻灯、表情包等。以"运动类"为例，则既有以精细运动为主的，例如刺绣、裁缝、手工、雕刻、绘画等；也有以粗大运动为主的，例如舞蹈、搬运、跑步、跳高、游泳等。

最后，我们根据在多人输出时自己是处于主导位置还是配合位置，将"多人输出类"作品形态划分为"主导类"和"配合类"。"主导类"在心理地位上更高，通常是发出指令的一方，而对方则需要接受他们的指令。

按照人数多少，我们又可以细分为"一对一"与"一对多"两类。"一对一"的典型例子是咨询类、治疗类。以咨询类为例，无论管理咨询、职业咨询、心理咨询还是家庭咨询，作为咨询师，你的任务是倾听对方、了解对方，继而给对方提建议。同样，以治疗类为例，医师通常处于主导地位，是病人配合医师，而非反之。"一对多"的典型例子包括教学类和管理类。当你是老师或者管理者，同样处于主导地位。

"配合类"也可以分为"一对一"和"一对多"两类。"一对一"的典型例子是家政服务类、客户服务类。一次服务一人或一户。"一对多"的典型例子包括公共服务和餐饮服务，一次服务多人或多户。

3

许多人误入歧途,过于关注作品的分发问题。他们总是纠结于自己的作品应该在 A 平台还是 B 平台发布。实际上,这个问题不如"作品创作"更重要。我更适合单人输出还是多人输出?我更适合以语言为主还是以动作为主的创作方式?如果以语言为主,那么我更适合口头表达还是书面表达?如果以动作为主,那么我更适合刺绣这类精细运动还是舞蹈这类粗大运动?同样,如果是多人输出,我更适合主导他人还是配合他人?

"作品创作"先于"作品分发"。只有当你解决了如何创作作品这一源头问题,再来考虑作品分发问题,这样才能达到事半功倍的效果。

那么,我应该创作什么样的作品?我提出的"人生发展学"可以帮助你更清晰地回答这一问题。人生发展学由元理论"人性系统论"和基础理论"人生四论"构成(详细内容我将在未来的著作中阐述)。

天圆地方,我们每个人都在大地上行走。"人性系统论"认为影响一个人的人生发展有两种关键力量:个人与情境。其中,个人部分主要包括人格特质、认知能力、动机偏好与人生叙事;情境部主要指你所生活的环境,此时此地,他人他事他物等。我们先来看个人部分。

人格特质是指一个人的性格特征。正如第五章所言，我们可以按照神经质、尽责性、宜人性、外向性、开放性五大维度来理解一个人的人格特质。从人格特质角度而言，神经质较高、尽责性较低、宜人性较低、外向性较低、开放性较低的人更建议选择"单人输出类"作品形态。即使要选择"多人输出类"作品形态，也尽量选择一对一为主的主导类作品形态，如咨询、治疗。这样更易扬长避短。反之亦然。

认知能力是指一个人处理外界信息的速度与准确度。我将其分为感商、智商、理商三种，分别代表人们处理直觉类信息、计算类信息、反省类信息的速度和准确度。一个人的智商与理商若较高，那么建议首选语言类而非运动类为主的作品形态。同样，一个人的感商若较高，较为擅长模仿他人，并且肢体运动较为灵活，此时可以多考虑选择运动类为主的作品形态。

动机偏好是指驱动一个人做出某种行为的原因。有的人喜欢这份工作是因为它能赚很多钱，而有的人是因为这份工作好玩、有趣。看似一样的工作，背后的原因各不相同。这些原因固化之后会形成偏好。人们的动机偏好有很多种，其中最为重要的两对是自主与顺从、亲和与疏离。如果一个人较为自主，那么在选择"多人输出类"作品形态时，应尽量选择主导位置的；如果较为顺从，则优先选择配合类的。如果一个人较为亲和，那么优先选择"多人输出类"作品形态而非"单人输出类"作品形态；如果较为疏离，那么优先选择"单人输出类"作品形态。

如果说人格特质、认知能力、动机偏好是从不同侧面来理解一个人，那么**人生叙事**就是从整体来理解一个人。什么是人生叙事？人人都爱听故事，爱听故事的我们也爱讲自己的故事。人类通过讲故事的方式回答"我是谁"，最终把自己的过去、现在、未来不同时间线上的自我整合成一个整体。这就是人生叙事。简而言之，你想成为什么样的人。而影响一个人的人生叙事的常常是角色榜样。人类具备极其强大的模仿能力，即使你在某些方面稍微差一点，但如果你身边有一个厉害的老师傅天天教你，你也很容易被带动。这也是不少人在选择作品形态时经常忽略的一点。

接着，我们来看看人生发展中的另一个重要力量——**情境**。所谓情境，此时此地，他人他事他物。鸢飞蓝天，鱼跃清波。鸢总是在天空中嬉戏；鱼总是在水中游荡。情境就像天空和水流，就像你生活的容器，包含着你的一切。在选择适合自己的"作品形态"时，也需要同步选择一个更恰当的容器。简而言之，在A情境下，你创作作品更快更好，在B情境下，你创作作品更慢更差，显然，你应该选择A情境而非B情境。当你长期处于一个不够舒服的情境下，你的创造力极有可能会受到影响。在一个不够舒展的情境下，你不得不分配一部分心力去处理那些麻烦。

4

人生发展学中的"人生四论"包括"人生优势论""人生资本

论""人生周期论"和"人生意义论",那么,我们如何从这些角度来理解如何选择适合自己的作品形态呢?简而言之,如下。

» 人生优势:选择某种作品形态,是否能扬长避短?
» 人生资本:选择某种作品形态,是否能增进我的人生资本总量?
» 人生周期:选择某种作品形态,是否早晚五年,大不相同?
» 人生意义:选择某种作品形态,是否更易获得灵性、神性、使命感等超越性体验?

首先,你选择的作品形态,应该体现你的人生优势。具体来说,一个人的人生优势包括两大类:个人优势与情境优势。个人优势又包括生理优势、特质优势、认知优势、动机优势与叙事优势五种。而情境优势,又包括时间优势、空间优势、人际优势、任务优势与情绪优势五种。如果你选择的作品形态,10种优势能用上大半,那么多半会如鱼得水;反之,如果你选择的作品形态,在这10种人生优势上都体现得不够明显,暴露自己的短板较多,那么也许它不适合你,可以考虑换一种新的主攻作品形态。

其次,你选择的作品形态,应能增进你的人生资本总量。什么叫做人生资本?你与社会做交易的那些资源。除了容易理解的经济资本之外,影响一个人的人生发展还有多种资本。我将其总结为健康资本、心理资本、技能资本、社会资本、文化资本、经济资本、政治资本、婚姻资本、家庭资本这常见的9种。很多人在选择作品形态时，只看到该作品带来的经济回报，但没有意识到可能的心理健康风险与社会信用风险，也就是表面上增加了经济资本，但同时心理资本与社会资本下降，这样从整体上来说，反而得不偿失。反之，有些作品，虽然经济收入不高，但是它给你带来的人生资本总量是巨大的。

再次，你选择的作品形态，应该符合你当下所处的人生周期。选择某一种形式的作品，早五年和晚五年会不同吗？如果你早五年选择和晚五年选择的结果都差不多，那么这种作品形态可能并不处于最合适的人生周期。如果早五年和晚五年的选择对你的人生发展影响大不相同，这种作品形态可能更匹配你当下所处的人生周期。

最后，你选择的作品形态，应该有助于你获得灵性、神性、使命感等超越性体验。人生发展，不仅仅依赖理性，更需要灵性、神性、使命感等超越性体验。有时候，人会觉得生活失去了意义，不知道自己为何如此努力。当一个人连续体验到这种感觉的时候，就容易陷入情绪低谷。而有些作品能够帮助你找到人生的意义。人生意义，既有世俗的，如为名利而奋斗，还有一类特殊的，也就是灵性、神性、使命感等超越性体验。这类超越性体验，只要你能体验到一次，它可能会影响你多年。中国明朝大儒王阳明、苹果公司创始人乔布斯、鼠标的发明者道格拉斯·恩格尔巴特（Douglas Engelbart）等人均有过类似体验。[1]

当引入了这么多新的角度之后，你就会发现，看似起点相同的两个人选择了同一类作品，但结果为何大相径庭？背后有大量人生发展相关的原理在起作用。而我们经常在不知不觉中犯了错误,违背了一些规律。

小　结

与其消费,不如创作。越消费,越感到空虚;越创作,越能发现生活的无限可能。

第三节　稳定：我如何才能持续创作？

1

在这一节，我们要探讨的难题是——如何才能持续创作？有不少人都想成为创作者，尝试坚持创作一些作品，然而，能坚持下来的人并不多。以写作为例，有的学生受我影响，表示热爱写作，希望出版自己的第一本书，但能坚持到底的人很少。那么，如何才能更好地持续创作？你需要理解两个创作的规律：一、你的输出能力是有限的；二、你的输出能力还会不断变化。

先来看第一条规律：**你的输出能力是有限的**。在上一节中，我们将作品形态分为两大类："单人输出类"和"多人输出类"。其中，"单人输出类"又可以细分为"语言类"和"运动类"，"多人输出类"则可以细分为"主导类"和"配合类"。在这四大类典型作品形态上，我们都受到一些来自脑与认知层面的限制。接下来我们逐一介绍。

语言类

无论是口头语言还是书面语言，都受制于**工作记忆**，尤其是

"4"这个数字。这是什么意思呢?它指人类的工作记忆能力受限于4。什么是工作记忆?它是一种短期记忆,负责临时存储和处理信息。正如前文所述,工作记忆是人类大脑的"瓶颈",它限制了人类处理信息的速度和能力,影响人类的阅读、记忆、注意力和执行功能等。工作记忆的容量有限,仅仅能记住4~9个组块。

什么又是组块呢?为了方便记忆,我们把一些需要记忆的东西加以分类或加工,使之成为一个小的整体,在认知科学上就称为"组块"。例如,我们记忆电话号码的时候,将13912345678,拆成"139-1234-5678",那么这就是3个组块。而认知科学家普遍发现,人类的工作记忆能力普遍在4个组块左右。

表现在口头语言上,就是当你演讲时,最容易被你自己与观众记住的是第1点、第2点、第3点、第4点,一旦超过4点,你自己与观众都将记得很困难。同时,你更喜欢在口语中使用单音节或双音节的词汇,很少使用超过4个音节的词汇。表现在书面语言上,无数流传甚广的作品,均以3字词或4字词为主。举个例子,中国的《诗经》总计7428句,4字句6591句,约占9成。[1]海明威的《老人与海》平均词长3.79,其中一字母词出现1039次,占3.85%;二字母词出现4736次,占17.56%;三字母词出现8307次,占30.81%;四字母词出现5920次,占21.95%,四字母以下的单词总计占74.17%。[2]

不少人没有意识到工作记忆的限制。这样的例子比比皆是:同时从事4个以上不同主题的工作;同时扮演4个以上的角色;同时管理4家以上的公司。这样做容易导致精疲力尽,最终可能引发严重的问题。

运动类

无论是精细的动作还是粗大的动作,都受到**人体自由度**的限制。人体自由度是指人体关节和肌肉系统在不同方向和平面上所能实现的独立运动。人体自由度受到关节结构、肌肉力量和柔韧性等因素的限制。

人体自由度主要分为两类,一类是平移,即关节沿一个轴线移动的能力;另一类是旋转,即关节绕一个轴线旋转的能力。一般来说,人体自由度会在数百个左右,因为性别、年龄、身高、体重、健康状况而略有差异,而常用于精细动作的人手自由度是27个。[3]

我们无法做出超出人体极限的动作,同时,我们的关节、肌肉以及韧带也会经常受到磨损。因此,如果你长期从事运动类的工作,就需要考虑到人体自由度对你的限制。

主导类

无论是一对一的咨询或治疗,还是一对多的教学或管理,都受到你的**社会认知能力**的限制。什么是社会认知能力?它是指我们理解和判断他人想法、感受和行为的能力。多数时候,一个人的社会认知能力在"邓巴数字"以内。

邓巴数字,也称150定律。英国人类学家罗宾·邓巴(Robin Dunbar)提出能与某个人维持紧密人际关系的人数上限是150。这批人是指那些你在机场遇到、不打招呼不好意思的人,全部加在一起，也不过150人。并且即使是这150人，也是分层出现的，直系亲属或者最好的朋友为7人左右；旁系亲属或普通朋友为21人左右；邻居同事远亲为35人左右；其他人为60～90人左右。[4]

某种意义上，社会认知能力的受限也源自工作记忆能力的受限，它们都与大脑前额皮层的容量有关。因为所有与人相关的信息处理，最后也是通过工作记忆来处理。

配合类

无论是一对一的家政服务或客户服务，还是一对多的公共服务或餐饮服务，都受到你的**情绪劳动**强度的限制。什么是情绪劳动？情绪劳动就是为了工作需要，你要控制并表现出符合职业要求的情绪，哪怕这并不是你真实的感受。在完成配合类的作品形态时，通常需要你倾听、理解对方的需求，并且表现出友善、耐心的态度。

一个人每天的情绪劳动强度是有限的，对于神经质较高的人，他们一天接待三五个客户，可能就已经精疲力竭了。而对于性格较为外向、宜人性较高的人来说，他们一天接待数十个客户，可能觉得乐在其中。但如果从数十人上升为数百人，我相信他也会扛不住。

2

工作记忆、人体自由度、社会认知能力、情绪劳动从底层限制住了你的输出能力。总有人过于自信，认为自己能突破这些限制，但实际上并不能。

即使你是埃隆·马斯克（Elon Musk）也不例外。在他管理SpaceX、特斯拉、The Boring Company、Neuralink四家公司时，他还能够胜任。然而，一旦再加上Star Link、OpenAI、X等几家公司，问题就接踵而至，后来他不得不退出OpenAI。反之，苹果公司CEO乔布斯在世时，只管理苹果一家公司，并将苹果公司的产品线大幅裁减，约束在Mac、iPad、iPhone少数产品线之下。每一个产品线，也仅推出少数规格的产品。

既然输出能力是受限的，那么，这对于稳定输出有什么启发呢？

分组。要想突破来自工作记忆、人体自由度、社会认知能力、情绪劳动的限制，关键在于分组。如前所述，当你同时处理4个以上的信息，基本上就记不住了，然而，通过"分组"能扩大我们的记忆能力。举个例子，我们记一个手机号码。我随便报一个数字，你肯定记不住，但如果我们把它分组，139是一组，1234是一组，5678是一组，这样你就更容易记住了。同样，你要进行一些极其复杂的运动，也采用分组的方式：先A再B后C；管理或服务他人，也进行分组：按重要与紧急程度。

成功带来成功。上一次输出如果成功了，显然更容易引发下一次输出。长此以往，是不是就形成了稳定的输出？不要一开始就去挑战你做不好的事情，而是先从容易成功的事入手。举个例子，有一位工程师被提拔为技术管理者。此时，千万不要立即下结论：工程师就是不适合做管理。可以先尝试能不能管理好熟悉的、关系好的那几位同事？继而，你可以通过这些熟悉的同事来管理那些你不太熟悉或关系不太好的其他同事。

有一位内向者说自己的社交能力不行，我建议他先用内向者的方式，例如在微信群聊天，这是一种适合内向者的方式。甚至可以搞笑点，专门组织一个内向者的线下沙龙。每位内向者来到活动场地都不能开口说话，只能通过打字发言，谁先开口说话，谁就要献歌一曲。这是不是反而制造了一种奇特的社交体验？总之，先从让自己舒适、压力小的方式快速切入。

借助他人与工具。单人的输出能力永远是有限的。我们一天的时间也永远是有限的。因此，不妨借助他人与工具来扩大你的输出能力。你可以与更专业的人协作，以及使用更专业的工具。

再来看看第二个规律：**你的输出能力还会不断变化**。你的输出能力并不能一直保持在一个平稳的状态，而是不断波动。既有小时间尺度的波动——有些人白天工作效率更高，而有些人晚上更能发挥出自己的能力；还有大时间尺度的波动，有几年你可能状态极佳，输出效率更高，而有几年可能会是你的低潮期。

唯有自律才能对抗波动。很多作家都提过一个技巧，无论每天心情好坏，忙碌或轻松，都坚持写上几千字。我们可能觉得他们的创作过程一帆风顺，但他们明白自己曾经深陷低谷。有不少创作新手，都是在低谷期不够自律，逐渐放弃。

3

你的输出能力是有限的;你的输出能力还会不断变化。一旦理解了上述两个规律,那么,稳定的输出从此变得格外重要。我曾在"人性系统论"中提出了一个概念——"行为飞轮"。为了更好地养成某些习惯,你可以使用"行为飞轮"来给自己助力。一个"行为飞轮"由最易目标、最佳情境、最小行动三者构成。以减肥为例,通过管住嘴迈开腿(最小行动),我一个月内在家吃饭,并坚持跑步(最佳情境),减掉五斤(最易目标)。

你也可以将"行为飞轮"的理念应用到创作过程中,形成你的"创作飞轮"。同样是设定最易目标,找到最佳情境,执行最小行动,如下图所示。

创作飞轮

以写作为例,你可以设定每天写一首诗或一篇笑话(最小行动),并分享到家人群、诗歌爱好者的社区或者段子手的社群(最佳情境),目标是在100天内完成一本诗集或笑话集(最易目标)。

在一次聚会上，有两位学生向我咨询人生发展建议，其中的一位男生，我建议他写诗；另一位女生，我建议她写笑话。半年过后，当两位学生反馈结果给我时，那位男生的第一本诗集已经写完，创作了100余首诗，并参加了一些诗歌大奖赛。而那位女生，却一篇笑话都没写。此时，以GPT为代表的生成式人工智能风起云涌，那位男生，已经可以考虑新的问题：如何使用GPT润色自己的诗。而那位女生却依然在纠结：是否应该辞掉工作来研究生成式人工智能？

对比两位学生的人生发展路径，显然未来会大不相同。对男生来说，有了第一批作品，接下来在GPT的协助之下，会创作出更高质量、更高水准的作品。而对女生来说，我建议她写笑话，是因为幽默文学在中国一直是比较稀缺的品类。但她在不断地纠结与自我质疑中，依然原地踏步。只有让"创作飞轮"快速转起来，我们才能通往比当下的苟且更远的远方。

成为一名创作者并不容易，尤其是独立创作的时间经常难以保证。但每天写一首诗或创作一篇笑话，差不多100字，还是容易挤出时间的。比质疑自己更重要的是让"创作飞轮"快速转起来。只有行动才能催生新的行动。每个人都很容易找到理由说服自己不写，诸如要休息、要旅游、工作太忙等。找到借口总是易如反掌，但最终结果是作品迟迟没有诞生。下一代创作者很快会将你原本可能占据的优势位置挤掉。

4

你有没有发现,无论作品多么复杂,它们始终是外显出来的,能被人感知,而不是始终停留在你的脑海中——我有一部伟大的作品,但我无法告诉你。

然而,这些复杂的作品在早期都是从看似简单的事物开始的,随着"创作飞轮"越转越快,作品的复杂程度逐渐上升,最终成为令人瞩目的杰作。

从这个意义出发,完成比完美更重要。在一次演讲中,我曾被一位读者问道:"阳老师,如何才能出版一本书呢?"我回答说:"你首先需要把它写完。"打个不恰当的比方,那些追求完美的创作者,好比总说我要生孩子,结果连怀孕都没有。你得先怀孕,然后生下孩子,这就是第一版。然后"孩子"自己会慢慢长大。想出作品的你,先让自己"怀孕"吧,有了头胎,才有二胎三胎。

保持稳定的输出,作品多了,就成了作品方阵。你的一个作品与另一个作品可以相互补充,相互支撑。举个例子,我的《聪明的阅读者》与《阅读的心智》两本书就互为阴阳,相互支持。[5]一本是谈论阅读的学术专著,以体系取胜;一本是我的读书随笔精选集,以灵动取胜。当你的作品多到一定程度,你的人生发展状态也会有所不同。那些没有作品,或者作品相对单薄的人,难以与拥有丰富作品的人竞争。

作品方阵,这才是你在世时最好的人生发展基地;也是你离世时,留给后人最好的礼物。每个人都可以通过自己的努力来构建自己的作品方阵。与平庸生活作战，它就是你可以信赖的军团；与失意时光搏击，它就是你的拳击手套与护具。

小　结

与其放纵，不如自律。放纵令你一时爽快；自律却给你的人生带来更大的自由。

第四节　创新：我的作品是否足够创新？

1

在这一节，我们要探讨的难题是——我的作品是否足够创新？作品是一种创造性成果。当你申请专利时，需要经过审查，以确保你的专利作品具有原创性。同理，无论你是出版书籍还是发布软件，都不能抄袭他人的作品。经过近百年的发展，目前多数作品形态都受到相应的法律保护。

对于创作者来说，虽然找到了适合自己的创作形式并养成了持续创作的习惯，但仍存在一个尚未解决的问题——作品的创新性不足，过于平庸。而创新的作品与平庸的作品的最大区别在于：认识世界、解释世界与改造世界的力度大为不同。

有趣的是，我们在创作作品时，常常缺乏足够的野心，经常忘记作品的终极目标是认识世界、解释世界和改造世界。我们容易被作品的形态所约束，误以为写书就只是写书，办公司仅仅是办公司。我们没有让更深层次的目标去引导自己。

然而，伟大的作品并不被形式所限制，它已经超越了作品的形态。马克思的《资本论》、爱因斯坦的《狭义与广义相对论浅说》不仅仅是一本书；乔布斯创办的苹果公司、穆罕默德·尤努斯（Muhammad Yunus）创办的格莱珉银行不仅仅是一家公司。[1]

2

在我们讨论认识世界、解释世界和改变世界之前，不妨先来看看世界是如何构建的，如下图所示。

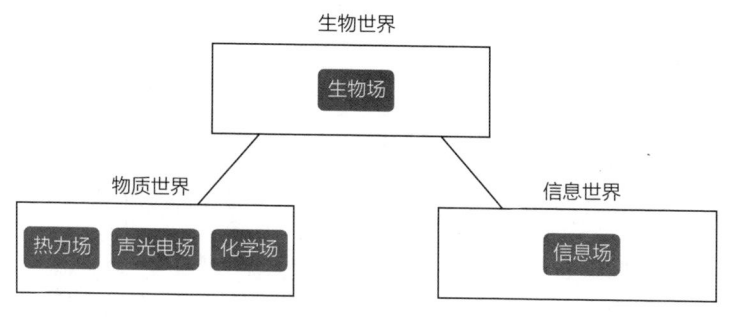

生物世界
生物场

物质世界
热力场　声光电场　化学场

信息世界
信息场

世界、场域与参数

这是我总结的一个用于理解世界运作方式的简化框架。整个世界既复杂又简单，它由三个层次构成：世界、场域、参数。[2]

世界：生物世界、物质世界和信息世界构成了我们的世界。这三个世界的主体各有不同，生物世界的主体是所有生物，包括人类、动物、植物、微生物等；物质世界的主体是无生命的实体，包括自然环境和人造物品等；信息世界的主体是无形的信息载体，包括数据、信息、知识和智能等。

场域： 每个世界主体的活动范围构成了场域。所有生物的活动范围构成了"生物场"；所有物质的活动范围构成了"物质场"，并且根据物质的不同规律，可以进一步划分为"热力场""声光电场""化学场"等；所有信息的活动空间就构成了"信息场"。这些场域约定了不同世界的主体的活动规则。如物质的运动在"热力场"中通常遵循热力学三大定律。

参数： 人类使用各种工具来度量不同的场域，从而形成了理解不同场域的各种参数。有一些参数较为基础，被称为"基本参数"，例如我们常用长度（米）、质量（千克）、时间（秒）、热力学温度（开尔文）来度量"热力场"；使用频率（赫兹）、发光强度（坎德拉）、电流（安培）、磁通量（韦伯）来度量"声光电场"；使用物质的量（摩尔）来度量"化学场"；使用信息熵（比特）来度量"信息场"；使用生物量（克/每平方米）来度量"生物场"。另一些参数被称为"衍生参数"，例如我们用电阻（欧姆）、电容（法拉）来度量"声光电场"的特性；使用基因型频率、种群密度、生物多样性等来度量"生物场"的特性。

3

结合世界、场域、参数，从认识世界、解释世界与改造世界的角度出发，我们可以将作品的创新性划分为5个层次，如下图所示。

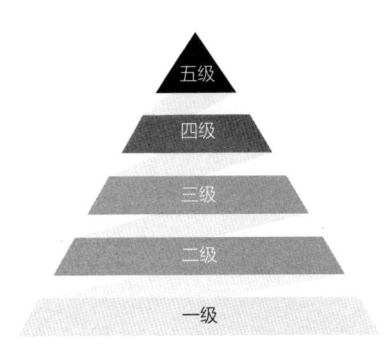

- 五级：通常是前所未有的创新
- 四级：通常是多世界跨场域的创新
- 三级：通常是单世界跨场域的创新
- 二级：通常是单世界单场域的创新
- 一级：通常是显而易见的创新

创新的五种级别

一级创新： 通常是显而易见的创新。它们多半改变的是较为显而易见的某个参数。例如，改进现有产品的某个特性，如增加手机的电池容量或显示屏的尺寸。

二级创新： 通常是单世界单场域的创新。它们经常改变的是特定场域内的多个参数，而这些参数的改变可能会对整个场域产生显著影响。例如，通过改变新能源汽车电池设计的多个参数，从而发明一种新的电池。

三级创新： 通常是单世界跨场域的创新。它们时常借助于跨场域来消解某个特定的技术矛盾，改变的是那些难以改变的参数。例如，将"热力场"的原理用到"化学场"，最终诞生了催化剂技术，这种技术通过改变化学反应的温度参数，提高了化学反应的效率。

四级创新： 通常是多世界跨场域的创新。它们常常涉及综合多个世界中多个场域的知识来解决某个重要问题，改变的参数较多。例如，利用AI算法（信息世界）来解析基因序列（生物世界），这推动了精准医疗的发展。

五级创新：通常是前所未有的创新。它们一般开拓了新的世界、发现新的场域。这种创新通常涉及全新的思维方式或技术，如互联网的出现，迎来了信息世界，创造了新场域——信息场。

4

一级创新在日常生活中常见；五级创新往往是百年一遇，即使将众多领域累加在一起，100年也可能只产生不到100个这样的作品；四级创新则常常是30年一遇，30年左右，全世界可能诞生300~3000个作品；三级创新常常是十年一遇，10年左右，全世界可能诞生3万~30万个作品；二级创新常常是三年一遇，三年左右，全世界可能诞生300万~3000万个作品。

当然，这仅仅是一个极其粗略的估算。比数字更重要的是，通过这个估算，我们可以意识到：越高创新级别的作品，其诞生概率越小。

许多人的作品只停留在"一级创新"的阶段，对于认识世界、解释世界和改变世界的力度几乎微乎其微。那么，我们是否可以一上来就追求"五级创新"呢？答案是意义不大。因为五级创新在大多数情况下是无法实现的，这是因为它概率过小，依赖天赋、团队与时运等无数前置条件。

更合理的建议是什么呢？你可以选择追求二级、三级或四级的创新，因为这些级别的创新相对来说更容易实现。我们可以有意识地积累跨世界、跨领域的知识,并利用某个领域的知识解决另一个领域的问题,这样更容易产生高级别的创新作品。

需要提醒的是,改造不同世界带来的回报大不相同。不少人容易受到自己熟悉的世界影响,从而有意无意局限在单一世界。举个例子,我的学生受我影响,通常喜欢写作。然而,文字型作品形态,可能只会停留在信息世界部分,对生物世界、物质世界影响较弱。在这种情况下,你需要思考如何将文字形式的作品转化为其他形式,以便能够影响生物世界和物质世界。

5

许多人常常误以为,若自身创造力不足,便无法成为优秀的创作者。然而,创作者有很多类型。在认识世界、解释世界以及改造世界的生态链中,你可以扮演6种不同类型的创作者角色:创新者、工程师、集展者、故事家、布道者、设计师,如下图所示。

创作者的常见角色

创新者： 是指那些能够创作出高级别创新作品的人。例如提出了一个新的理论、新的技术、新的模式、新的计算方法。莉莎·费德曼·巴瑞特（Lisa Feldman Barrett）在《情绪》中介绍了"情绪建构论"，这是她开创或者参与开创的全新理论，改变了我们关于抑郁症治疗的认识。根里奇·阿奇舒勒（Genrich Altshuller）在《创新算法》中发明了一种新的发明流程。美国建筑师克里斯托弗·亚历山大（Christopher Alexander）与人合著的《建筑模式语言》，在人类历史上第一次提出建筑的模式语言，描述了城镇、邻里、住宅、花园和房间总计253种模式。[3]杰弗里·辛顿（Geoffrey Hinton）等人开创深度学习迎来了人工智能新时代。[4]

工程师： 是指那些能够改善他人的技术、工艺流程、计算方法的人。心理学家雷蒙德·卡特尔（Raymond Cattell）在前人发明的因素分析技术基础之上，改进了该技术，并将其用到人格测量领域，开发了16种人格因素问卷。[5]艾瑞克·伽玛（Erich Gamma）等人深受《建筑模式语言》的影响，并将模式语言应用到软件开发领域，撰写了影响一代又一代程序员的经典之作《设计模式》。[6]

集展者： 是指那些能够将他人的理论、发现或发明综合在一起的人。平克在《心智探奇》中将认知科学的前沿研究统一在可计算性与进化论两条线索之下。我在《聪明的阅读者》第二章中综合来自阅读科学及其相关学科（重点是认知科学、神经科学与心理科学）的进展，将其总结为阅读的三重机制：生理机制、认知机制与学习机制。在21世纪，信息过载，集展者变得日益重要。当你掌握了较多独特的信息，同时你的品味较好，你把好的东西优雅地组织在一起，它本身就容易成为一个好的作品。[7]

故事家：是指那些能够讲好故事的人。《黑天鹅》《灰犀牛》《蓝海战略》，都是用一个个生动的故事来讲述理论。同样，悉达多·穆克吉（Siddhartha Mukherjee）在《众病之王》中通过生动的故事，向读者讲述了癌症的起源与发展，以及人类对抗癌症、预防癌症的斗争史。你将创新者、工程师或集展者的工作以故事的形式呈现，也能创作出极有意义的作品。[8]

布道者：是指那些能够影响人们信仰或理念的人。古老如宗教人士，现代如某种技术的倡导者，他们都是布道者。像耶稣、佛陀这样的人，他们的思想已经传播了数千年。人类在认识世界、解释世界与改造世界时，不仅有理性的一面，还有灵性的一面。

设计师：是指那些能够将粗糙的事物变得更具美感的人。设计师不仅在视觉上改变世界，他们的作品也影响了我们的生活方式和思考方式。例如，乔纳森·艾维（Jonathan Ive）在苹果公司的产品设计中，将复杂的技术产品转化为简洁且美观的艺术品，如iPhone、iPad等。

这6种角色并非孤立存在，它们之间存在着紧密的联系。一个人可能同时扮演多个角色。苹果公司创始人乔布斯就是一位集成了多种角色的创作者。乔布斯首先是一位设计师，具有独特的品味与极强的产品设计能力。乔布斯还是一位集展者，善于集成优秀的技术，他曾说："优秀的艺术家复制，伟大的艺术家窃取"。[9]乔布斯还是一位工程师，根据需求去生产自己的芯片，改造自己的生产流水线。乔布斯更是一位伟大的创新者，开创了移动互联网新时代。

当然，乔布斯也是苹果公司的产品的最佳布道者。

再来看看特斯拉CEO埃隆·马斯克。他的布道者和设计师的气质没有乔布斯那么强，但他最突出的角色是工程师。马斯克解决了很多工程难题。他的不少作品都属于高级别创新，并且他的作品方阵即将形成。如果有一天，我们真的能够像他设想的一样，登陆火星，开启太空时代，那么你发现，他最终改变的是什么？三个世界。物质世界：我们不再只生活在地球上，开始拥有更多星球；生物世界：我们开始与太空中更多新物种打交道；信息世界：为了星际通信，我们需要发明新的通信技术和协议。

不妨思考，你的作品究竟在哪些方向上影响了哪些世界、哪些场域、哪些参数，你在扮演哪种创作者角色？

6

20年来，我看到太多原本有才华的朋友逐渐"堕落"，被世俗同化。本应用于创作的时间，却被琐事所消耗。慢慢地过了出作品的黄金时期，体力脑力跟不上，依然没什么好作品。只剩下一些用于自我安慰的"教育经历"或同行吹捧的所谓"工作经历"。

学习也好，工作也罢，最终要看的是，你为世界带来了什么？我们不能错误地认为，只有拥有某种工具或学过某些东西才能创造某些作品，而应该根据我们想创造什么作品去学习相应的知识和技能。我们也不能错误地认为，只有加入某个公司或团队才能完成某个作品,不能将创作作品的过程完全寄希望于公司。

请记住,公司只是自己完成作品、结识人脉、增加社会阅历的一种渠道,并非全部渠道。如果离开了这家公司,我能创作出什么样的作品?如果我一个人快速出个作品原型乃至最终版本,可以做到吗?这种能力,才是人生发展的关键。你所在的公司,只是在你生活中扮演的一种渠道而已,你无须将其视为全部。

奇怪的是,人们很少关心自己的小家庭与大作品。所谓小家庭,也就是这个世界上真正在意你的人。所谓大作品,也就是真正决定你的成就高度的东西。

很多人宁愿天天关心社会舆论,上知天文下知地理,对哪个明星有什么新动向了如指掌,但是家里孩子病了,不知道;亲人生日,记不住。同样,他们也很少关心自己的大作品,天天这也掺和,那也掺和,总以为生命有无数的时间来浪费,却不知,一个大作品,需要无数体力活结合无数脑力活,才能完成。

小　结

与其平庸,不如卓越。平庸就像一潭死水,而卓越则如奔腾的江河。

愿你,成为创作者,用作品说话。

02

第二篇

在行动中成长

第三章

思想：证据、抽象与品味
如何辨别好思想，避免坏思想？

第一节　好思想，坏思想

当你还是学生时，你习惯的一切——单调乏味的宿舍、一成不变的制服、毫无乐趣的早操、固定不变的同桌、权威严肃的老师，无时无刻不在提醒你：请与同学保持一致，遵守规矩。然而，当你步入职场，你最常听到的却是：要有自己的思想。那些独立思考、自我驱动、技能过硬且热爱学习的人通常被视为 A+ 人才。

这是一件颇为矛盾的事情。尽最大努力模拟社会的学校，却在向学生反复强调：请与同学保持一致，遵守规矩。学生能得到的好评价通常是：听话、好学、聪明。而当你的老师说你很有思想的时候，却常常惹来父母的疑惑和警觉。

是啊，社会喜欢并鼓励那些有思想的人，然而，学校却在不断地暗示你：请抛弃那些乱七八糟、幼稚粗糙的思想吧！慢慢地，你带着老师的责备和同学的轻蔑走入职场，老师变成上级，同学变成同事，你开始习惯于接受周围人的观念。甚至有一天，你用来思考的想法来自他人的观念；你的质疑来自社会默认的质疑。每一天，你只是工作，工作，工作，渐渐忘记了：什么是"好思想"，什么是"坏思想"。

第二节　鲜活证据：证据的不同层级

1

2003年，我创立了自己的第一家公司。有一天，一位媒体记者通过朋友的介绍找到了我。那时，我是一位初出茅庐、没有任何媒体经验的创业者。在接受采访时，我毫无保留地说出了自己的想法。因此，在正式发布的媒体报道中，我留下了大实话：

> 创业之初，我开发了一款学生心理健康软件，但几个月下来，市场反应平平。我单纯地认为是因为软件面对的市场太狭窄，于是开始转向面向企业的心理软件。然而，几个月过去了，公司一直亏损，我却视而不见。如果不是因为一次偶然的社会事件，使得教育部开始重视大学生心理健康，从而让公司获得大额订单，我的公司可能早已倒闭。这让我明白，我的开发工作与公司运营没有太大的关系。

20年过去了，那家曾经差点倒闭的公司竟然仍然存在。你看，如果我想当然地接受"开发对于一家创业公司来说，非常重要"或者"企业市场大于学生心理健康市场"这类观念,那么,我就不可能在20年后安心来写这本书。显然,这些20年后看上去正确无比的陈词滥调都是"坏思想"。

2

那么,坏思想通常具备什么特征呢?且看一个草包族科学家的故事。

二次世界大战期间,在偏远的南太平洋小岛上住着一些土著。当时,盟军飞机在这些小岛上周转物资。土著们在帮忙装卸的过程中,能够从中获益。战争结束后,盟军的飞机再也没有出现过。土著们怀念那些有面包的旧日时光,于是,这些未开化的土著,搭建了飞机滑行的跑道,在两边点上火,盖上小屋。土著们每天坐在那个小屋里面,有的头上戴两块椰壳——这是天线,假装是领航员,等待满载面包的飞机降落。

土著们仿佛做对了每件事——架设了跑道,设立了领航员,搭建了导航小屋,一切看起来都与战时无异。然而,却始终没有飞机降落。这就是诺贝尔物理学奖得主理查德·费曼(Richard Feynman)讲过多次的一个故事——"草包族科学"。土著们给思想套上了一层神似科学的外壳,然而没有用,事实上他们缺乏了最重要的部分——没有飞机。[1]

这就是"好思想"与"坏思想"的第一个区别:**有没有证据**。

3

"好思想"注重鲜活的证据,而"坏思想"则更倾向于说服自己或他人。"坏思想"或者证据不足,或者证据陈腐。"坏思想"就像那些草包族科学家一样,振振有词,具备了一切思想外壳——有观点,有逻辑,有小结,有说服力,有感人的故事,然而,少了最重要的一点——鲜活的证据。任何不能用第三方证据来比较或证明的思想、观念或理念,对于工作来说,都是没有意义的!

在带团队的时候,我最怕与人讨论所谓的"理念"。2015年,安人心智旗下又诞生了一家子公司,这就是各位读者熟悉的成人教育机构"开智学堂"。新来的小女孩能干且勤奋,但初入职场。有一天晚上,在开完例行月会后,她带着我们几位同事陈述了她关于教育理念的一大堆看法。

那是晚上12点了啊!在五道口热热闹闹的咖啡馆一条街上,像我们这样激情澎湃讨论的团队不少。我爱这样的城市、这样的青春热情、这样的市井雄心,然而,我不爱这样的讨论。因为,这样的讨论只会带来两个结果——我认同你的理念,会如何?我不认同你的理念,又会如何?

当理念与证据发生冲突时,你向谁妥协?显然是证据而非理念。一般来说,在职业生涯早期,同样两件事情,选择更难的那件放手去做吧。相信理念,坚持自己的理念困难,还是努力获得鲜活证据,发现那些少为人知的证据更难?显然,后者更难。

所以达尔文曾言,当你遇到一些难以置信的事情,建议立即记录下来，否则过了一段时间，你的大脑会本能地拒绝相信。人类给予数学再高的评价也不过分，因为它是人类心智的皇冠。唯有数学，才能提供思维最高抽象级别的鲜活证据。同样，自培根以来的实验科学方法论为什么重要？因为它教会了人们拥有好思想的第一步——"操作主义"，也就是在可测量、可操控的层面来定义抽象思想。

4

我们更容易相信一个成功人士的理念，却常常忘记寻找鲜活的证据。证据同样有高下之分，究竟相信什么，不相信什么？就像我一般将图书分为坏书、可用之书、力作、杰作与神作5类一样，我常常将证据分为5类："弱证据""可用的证据""有力的证据""杰出的证据"与"神级证据"。

什么是"弱证据"？它们常常来自街头巷尾，或者4类人物：名人甲、路人乙、老板丙、家人丁。这些证据，效力较弱。很多时候，你需要尽快扔掉它们。只有一类例外，你早期追随的那位师傅。一个常见的问题是，我们常常过于相信名人甲、路人乙，却带着挑剔的眼光来"批判性学习"那位原本应该无条件信任的老师。就像这首禅诗所说的一样：

> 修行之道
>
> 关注大师的言行，
>
> 跟随大师的举动，
>
> 和大师一并修行，
>
> 领会大师的意境，
>
> 成为真正的大师。[2]

如果一直批判，怎么能建立师徒之间的信任？怎么能快速从学徒成为大师？怎么能让大师放心地将衣钵传给你？

"可用的证据"常常源于质性研究、临床实践经验或者专家委员会报告中的权威见解；"有力的证据"主要源自以下三个方面：

» A类证据：设计良好的非随机对照实验中获得的证据；
» B类证据：设计良好的队列研究或对照实验的证据；
» C类证据：多个时间序列的、带有或不带有干预研究得出的证据。[3]

从效果上来看，A类证据强于B类证据，B类证据又强于C类证据。其中重要的非对照实验结果，有时也可以作为C类证据，例如19世纪40年代青霉素的发明。

"杰出的证据"从至少一个设计良好的对照实验中获得，按照现在流行的实验要求，甚至要求至少三组实验。"神级证据"通常来自数学推演，虽然当前时代无法验证，但在未来条件成熟后，却能改写无数个时代的规则。如达尔文、爱因斯坦与费曼，他们倾尽全力，利用一个时代的知识，揭示了人类在下一个时代的生存之道。

5

"双盲实验"是证据分级中的重要标志。是否理解"双盲"的概念，成为衡量人们认知能力的重要标准。汇集众多聪明人的Edge网站，有一年的问题是："有哪些科学概念能让你变得更聪明？"[4]

《自私的基因》作者理查德·道金斯（Richard Dawkins）选择了"双盲实验"。他甚至认为你无须亲自操作过"双盲实验"，你只需要理解其原则，领悟到为什么有必要这么做，就能感受到其优美。如果每个学校都教学生做"双盲实验"，那么会提高学生5方面认知能力，具体如下。

» 你会学会不从零星轶闻中归纳出普遍结论；
» 你会知道一个貌似很重要的结果可能只是偶然发生；
» 你会理解排除主观偏见有多么困难，你会开始尝试放弃崇拜权威和个人观点；
» 你会学会不再接受那些非科学疗法和那些假冒医生的江湖骗子；
» 你会学会更加广泛地使用批判性思维的习惯，这不仅会提高你的认知能力，说不定能拯救世界。[5]

为什么"双盲实验"如此重要？因为它恰好全面提升了人们的"理性思维能力"。从概率思维到批判性思维，"双盲实验"都可以帮助你建立理性思考能力，练习"反直觉"思考能力，并获得"好思想"。

小　结

正如基思·斯坦诺维奇（Keith Stanovich）所言：

> 知识精英独自享用了现代科学的成果。……留给普罗大众的都是出现在我们科学史之前的故事。……这是一种未来的科学唯物主义的场景。经济层面的无产者被消灭殆尽，取代他们的将是知识层面的无产者。[6]

伴随社会的发展，人类的主战场已经转向智力和信息的竞争，直接的暴力竞争已经渐渐减少。思想自由和财务自由相辅相成，现在，是知识无产者迈出自我解放第一步的时候了——用鲜活的证据说话。

第三节　抽象层级：与因果解释链的距离

1

在证据层级，"好思想"比"坏思想"有更多，鲜活的证据。如果两种思想都有强烈支持的证据，那么"好思想"和"坏思想"有什么区别？答案是：**思维的抽象层级**。

先来看史蒂芬·平克（Steven Pinker）对社会心理学的批评。平克是谁？哈佛大学认知心理学家。他不仅在科研领域，如认知心理学、进化心理学与心理语言学屡获殊荣，而且在科学写作领域大放异彩，其著作《风格感觉》《语言本能》与《心智探奇》写作严谨，文笔优美，想象瑰丽，畅销且长销。这样一位公认的知识分子，却公开批评社会心理学：

> 为什么社会心理学得不到更多尊重？……这个领域总是不厌其烦地坚持一些肤浅的理论，因而使自己停滞不前。总有无数的研究证明，人们不擅长 X，可以从一个冗长的名词列表中找到答案，列表里包括偏差、谬误、错觉、忽视、盲目以及基本错误。每个名词都在复述人们的确不擅长 X。[1]

在平克看来，社会心理学的许多研究都是肤浅的坏思想。那么，社会心理学作为心理学分支学科，并不缺少实验证据，为什么被视为坏思想？而平克推崇的一些其他心理学分支学科的理论，却被视为"好思想"？两者的区别正是：思维的抽象层级。

2

有一段时间，我迷恋研究智者的心智模式，因此，购买了数千本聪明人的传记或相关著作。从这些书中，我挑选出200多名智者名单。然后让他们捉对厮杀，看哪些智者能最终胜出。

最后一轮保留下来的智者，按照年龄大小排序，分别是人文集大成者钱锺书、跨学科通才西蒙、诺贝尔物理奖得主费曼、科普与科幻大师阿西莫夫、商业思想领袖芒格、"大师的大师"马奇、"当代达·芬奇"艾柯与"当代罗素"丹尼特。[2]从这些智者身上，我学到最重要的一点是：智者的思维抽象级别极高。

什么是思维的抽象层级？先回到区分好思想、坏思想的第一个层级：证据。那些能够不断发现鲜活证据的人，多半能成为领域专家。然而，智者与专家不一样。依然以平克为例，他是一位智者，他与常见的心理学教授最大的区别是，不会将视野局限于本学科。一旦智者发现了其他领域的卓越智慧，即使这些智慧可能会导致本学科的众多人员失业，他依然会毫不犹豫地用它来否定本学科的陈腐观点。

专业技能的本质是"限制与精致"。[3]专家在自己的领域掌握足够多的"条件化知识",清楚各结论的限制条件;同时又能在深度与广度上呈现求真之美,是为精致。民科与专家的区别在于,民科的知识体系没有限制,任意命名、任意裁剪、任意创新;同样,民科无法呈现知识的精致之美。

但智者与专家又不一样!所谓思维的抽象层级,就是这位智者能够跳出多少个狭小子类的"限制与精致"。根据我阅读智者传记后进行的整理,人类能够达到的跨学科极限,也类似于工作记忆广度的极限,以4个大学科为常见,9个大学科是人类智者的巅峰,即也许有人能横跨经济学、心理学、计算机科学、管理学这样4个大学科,然而很少有人能同时精通9个以上的大学科。

那些思维的抽象级别极高的人,似乎拥有一种上帝视角。这些人的言论和著作,受到了不同学科的研究支持。这样的人,是钱锺书,是西蒙,是费曼,是阿西莫夫,是芒格,更是马奇、艾柯与丹尼特。

3

那么,如何判断思维的抽象层级是高还是低?举例来说,一位同时掌握法语、英语、德语的专家思维抽象级别显然不如一位同时掌握了心理学与计算机科学,并能发现新的规律的专家。判断思维的抽象层级的重要标准在于:**与因果解释链条的距离**。正如平克所言：

> 一个令人满意的解释会引用数量更少、更普遍、在因果链中更早期的定理，这些定理比应景地迎合研究数据的法则更接近不可还原的物理和数学定律。这几乎总会使人跨越自己学术专业的界限。[4]

如果你将"好的研究"替换成"好思想"，毫不违和——"好思想"会引用数量更少、更普遍、在因果链中更早期的定理，通过较少类似于物理和数学的定律，即可推论出该思想。"好思想"就像好的研究一样，处于因果链的初期。

4

什么是因果链？试看1977年诺贝尔物理学奖得主菲利普·安德森（Philip Anderson）的经典论文《多者异也》（More is different）。在这篇论文中，他提出一个著名的观点：

> 将万物还原为简单基本定律的能力，并不蕴含从这些定律出发重建整个宇宙的能力。[5]

下表是安德森这篇论文中提到的学科因果链。举个例子，固态或多体物理学有可能受制于基本粒子物理学，化学受制于多体物理学，分子生物学又受制于化学。心理学有可能受制于生理学，社会科学又受制于心理学。不同层次的学科的规律会不同，我们需要采取多层视角来看待这个世界。

科学X的基本实体服从科学Y的定律

X	Y
固体或多体物理学	粒子物理学
化学	多体物理学
分子生物学	化学
细胞生物学	分子生物学
……	……
心理学	生理学
社会科学	心理学

例如，神经元是一个尺度，人类大脑又是一个尺度。无数个大脑聚集，形成人类社会，这又是一个尺度。这样一来就有三个不同的尺度：神经元、个人大脑和整个人类社会。这三个不同的尺度是否遵循相同的规律？

安德森这篇论文给出的答案是：不同的尺度会遵循不一样的规律。为什么？同一个层级的对称性一旦延伸到更大的尺度，会出现**"对称性破缺"**的现象。安德森认为随着不同尺度的拉扯，会打破对称，最终构成了科学、思想或现实的不同层级。

世间万物遵循一个原理：在同一个层级，它是对称的；但当这个尺度过大或者过小时，就会在人类可以观测的角度下，打破这种尺度的对称，出现对称性破缺。

"好思想"和"坏思想"，在同一层级上，打破对称的程度不一样。所谓"好思想"，就是那些能够在同一层级上打破更多的对称，带来更多深邃之美的思想。

5

以社会心理学的研究为例，无论是强调人性阴暗面的斯坦福监狱实验，还是强调人性光明面的助人实验，这些研究的解释都只涵盖了较短的时间跨度。对于工业时代适用的研究结论，并不一定适用于原始人。

学术期刊《行为与脑科学》（*Behavioral and Brain Sciences*）曾经刊发过的一篇经典论文《世界上最奇怪的人》调侃了这种现象。不少心理学研究结论都取材于一小部分怪异（WEIRD）的样本。WEIRD是五个单词的首字母：西方的、受过教育的、工业社会的、富裕的、民主体制下的。[6]有时候这也被戏称为"美国大二学生心理学"，因为心理学实验研究的对象多半来自美国大二学生。

相反，平克推崇的进化心理学则常常以几十亿年的尺度作为观测对象。因此，平克与人辩论，常能胜出。他用如此大的时间跨度来贬低小时间尺度的，注重解释而非控制、预测的社会心理学，某种意义上是欺侮人。

6

芒格在1996年的斯坦福大学法学院演讲中提到[7]：

> 学术界远远地偏离了正确的轨道，出现功能紊乱。企业功能紊乱的原因在于他们把整体划分为各种私人领域，每人雄踞一方，各自为政。如果你想成为理性的思想者，就必须培养出跨越常规学科疆域的头脑。

如何才能像智者一样，获得更高层次的思想抽象，进入因果链的更前端？芒格两年后在哈佛大学法学院的建议可供参考[8]：

第一步：你需要根据各个学科的基础性进行排序，并按照这个顺序来使用它们。

第二步：无论喜欢与否，你必须熟练掌握并使用数学、物理、化学和工程学这四大基础学科的关键部分，尤其是那些比你自身专业更基础的学科，你需要给予更为深入的关注。

第三步：你绝不能在跨学科吸收知识时不搞懂来源，或者偏离"经济原则"，只要有可能，首先通过自己所在学科或其他学科中更为基本的原理对现象进行解释。

第四步：然而，当第三步的方法无法产生新的有用见解时，你应该提出假设并通过验证来建立新的原理，通常使用与创建成功的旧原理相似的方法。但你不能使用任何与旧原理相矛盾的新原理，除非你现在可以证明旧原理是错误的。

当我们谈及寻找"更基础"或者"更深层次"的解释时，我们其实是在努力寻找问题的根源，尽量去往因果解释链条更早期。就像在一串连锁反应中，我们要尽可能地追溯到最早发生的事件，以便更好地理解整个过程。继而再使用"鲜活证据"来验证好思想。

小　结

从证据层级到思维的抽象层级，你开始拥有从专家成为智者的秘密武器。

第四节　品味：信息、信任与价值的平衡

1

北京是一座城，北京是一座城。我要远离你，故园以及诗歌，我要到这座城里去读书、喝酒，并且放弃方言和纯朴乡土，在工业天空下平凡生活、虚度光阴。那一年，少年18岁，他来到这座城市，这座王二从小长大的城市，他写诗，他怀念——那雨水充沛的南方家乡。[1]

20年后，这座城市变得更繁华更拥挤更富裕更无聊更热闹更浮躁，它就像一只八爪鱼，疯狂地攫取着一位又一位热情的少男少女们。——去那些配得上你野心的城市生活吧！灵魂选择自己的伴侣，少年选择自己的城市。[2]一位又一位小伙伴在我的蛊惑下，背着行囊，来到北京。

然而，生活并非总是尽如人意。我面前的两位新同事，刚入职不久的产品经理，正在为新工作发愁。产品经理也许是互联网科技公司试错成本最高的工种，就像飞行员一样，他们必须带着飞机上的整个团队穿越烈烈罡风，平安抵达终点。

产品团队的核心能力有三：商业设计、产品架构、运营体系。

对于产品团队来说，产品架构能力与运营体系能力相对容易提高；而商业设计能力则相对较难提升。经济学训练，恰巧是绝大多数产品经理忽视的部分，以至于我带一个新的产品团队，一定会读经济学经典著作，从利润模式到行为经济学。

然而，无论是商业设计能力、产品架构能力还是运营体系能力，我培训产品团队的第一课却是：品味。

——什么？品味？

——品味是什么？

2

品味这个词就像战略一样，在工作中频繁出现，却似乎混乱不堪。人们对品味的最大误解，就在于将其等同于追逐潮流。就像E.B.怀特（Elwyn Brooks White）所写：

> 我进城时，常常注意到人们翻改衣服，为的是追逐时尚。不过，上一次出行，在我看来，人们似乎还翻改了他们的思想——收紧信仰的腰身，截短勇气的衣袖，比照历史新近一页的时兴设计，为自己搭配了全新的思想套装。[3]

追逐潮流是事后诸葛亮，而品味则是提前预判。 在陶渊明去世后的几百年中，他的影响十分轻微。《晋书》将他列为典型的隐士，而不是文学家；钟嵘在《诗品》中也只将他的作品列于中品。[4]

然而，有品味的创作者却能提前预判，在人们尚未发现芝兰时，他们就能闻见其香。王维就是这样一位创作者。试看王维的《赠裴十迪》：

> 风景日夕佳，与君赋新诗。
> 淡然望远空，如意方支颐。
> 春风动百草，兰蕙生我篱。[5]

在这首诗歌中，王维在向陶渊明的"山气日夕佳"致敬。王维的篱边生长着兰蕙，陶渊明采菊东篱下，那影影绰绰的南山半坡上，有鲜花美人。

到了今天，人们提起盛唐诗人——中国历史上那个最璀璨的诗歌年代，你常常只记得李白、杜甫、白居易三位。所谓李白第一杜甫第二，宇文所安却与众不同，格外推崇王维而非李白。人们将王维定义为一个田园诗人，宇文所安却发现了王维的另一面：

> 我非常喜欢王维，他不是一个真正安静的诗人，却是一个用很大力气让自己安静下来的人，就像"安禅制毒龙"这样的诗句，反倒显得他特别有力量。再比如描写一次日落、一只飞鸟落下的时候，一般人是以太阳为参照物的，因为太阳是巨大的、是永恒的，可是王维那里的太阳却是以鸟为参照物的，"落日鸟边下，秋原人外闲。"[6]

你看，这就是品味！**品味，正是对作品的一种独特嗅觉**。久居芝兰之室，不觉其香；久处鲍鱼之肆，不知其臭。一流创作者常有一流的品味，正如王维发现陶渊明，宇文所安发现王维；又如坎贝尔在美国科幻黄金时代发现阿西莫夫，夏志清在1961年发现钱锺书与张爱玲。

3

什么是好品味？正如我在《阅读的心智》第一章"创作者的品味"中所言：

> 好品味，倾向于那些符合自然，节省人们心力的作品。如同语言学的齐夫定律告诉我们的一样，人类语言符合幂律分布，那些高频词在文中出现得更多。[7]同样，在好品味的作品中，你看不到太多拗音涩词、枯涩意象。好品味的文学作品，它像白居易的诗词一样，老妪能解；好品味的绘画作品，它像中国画一样，自然、星空、熟悉的情景——在目，却是"月涌大江流"的意象。好品味的音乐作品，它像巴赫的乐谱一样，复杂再复杂，但依然遵循了特定的模式。
>
> 好品味，倾向于那些含蓄的、暗示的作品。《金瓶梅》开篇写秋，那种秋是真实的秋。[8]即使是西门庆这样的人，作者也写出了西门庆的真诚。在一块破烂抹布的肮脏褶皱中，你能

看到他的灵魂。那些肉欲纠缠，那些现实生活中的脏兮兮，一旦诉诸笔墨，却是美。西门庆离世，依然是个秋天。从一个秋天到另一个秋天，这是含蓄的，这是带有暗示的。

好品味总是看上去简单，却常常来之不易。如卡夫卡烧掉自己的书稿，又如海明威修改《老人与海》稿件37次。[9]伟大的作家总是拒绝、拒绝、再拒绝发表自己并不成熟的作品——因为他的品味在抵触（他这样做）。

好的品味总是有傲气的。如天，如地，自然立于世间，无须向他人屈服，如明斯基第二法则所言：光做事还不够，我们还得立在那里。因此，好的品味是原创的、排他的。伟大的创作者必然会尽量避免吹捧同时代的伟大创作者。好品味为自己背书，无须任何同时代的人来背书。对于新手来说，练习创作的第一步，就是将自己文章中的"知名""著名"等词删掉。

最后，好品味并不追求体系。什么样的体系，能扛住时间的磨砺？什么样的体系，能红颜不老？君不见，黄河之水天上来，奔流到海不复回。君不见，高堂明镜悲白发，朝如青丝暮成雪。去年今日此门中，人面桃花相映红；雨打梨花深闭门，忘了青春，误了青春。[10]

4

奇怪的是，尽管社会一直推崇品味，对品味好的人趋之若鹜，然而关于如何提高品味的知识却知之甚少。假设你将品味看作一个可以提高的能力，那么，你很快陷入了一个思维死循环：

> 因为一流创作者，如王维、宇文所安有好的品味，所以他们是好的创作者；而因为他们是好的创作者，所以他们有好的品味。

如果的确存在一个能够提高品味的"关键行动"，它是什么？我与这两位产品经理同事讨论时，他们很快拿出了一个又一个答案：

» 占有大量一手信息：例如，多看一手高质量的信息，如一手论文；
» 认识很多有品味的人：例如，像王维、宇文所安这样的人；
» 不断输出作品：通过不断练习，输出大量的作品。

然而，这些答案很快都被我否定了。

占有大量一手信息？你看，史蒂夫·乔布斯（Steve Jobs）从不看论文不混圈子，我们能说他品味差吗？认识很多有品味的人？你看，毕加索（Pablo Picasso）从小在妓院厮混，一生放荡不羁，你能说他品味差吗？不断输出作品？作品很少，但品味不错的创作者也数不胜数吧？

当一个答案只适用于部分领域，那么它们不足以构成一个提高品味的"关键行动"。

5

训练品味的真正秘诀是什么？答案是——平衡。**提高品味的关键，并不在于信息、信任或者价值这三者中的任何一个单独的维度，而在于这三者的和谐平衡。**

如下图所示，这是一个立体的图，XYZ三个坐标轴。假设X轴是"信息"（Information）；Y轴是"信任"（Trust）；Z轴是"价值"（Value）。我们会发现，好品味的创作者在三个维度上的特征是平衡。

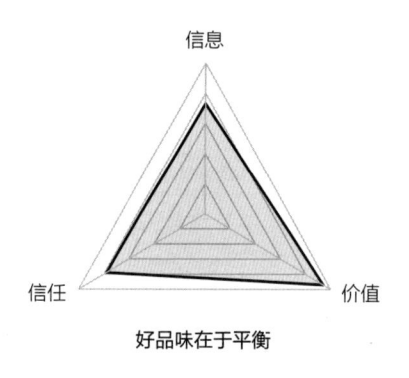

好品味在于平衡

即使这位拥有良好品味的创作者还处在起步阶段，在这三个维度上的表现都相对较弱，但他仍然保持了很好的平衡：他创作了作品，创造出了新的价值；他的作品为他的小圈子提供了新的信息，并且他通过这些作品与圈子中的人建立了信任，得到了他们的认可。

经典例子莫过于阿尔伯特·爱因斯坦（Albert Einstein）。爱因斯坦的质能互变公式是体现了非凡创造力的巨大成就。当时，爱因斯坦于1905年在《物理学纪事》上发表了一篇具有里程碑意义的论文，认为质量（m）可以通过公式 $E = mc^2$（这里的 c 代表光速）转化成能量（E）。[11]尽管爱因斯坦的论文写得精彩，且具有独创性，但是其中仍然谬误百出，后来一项研究指出至少有23处错误。[12]

然而，判定爱因斯坦的创造力依赖于一个专业社群的品味。美感对于物理学家来说，正是第一道关卡，丑陋的事物在物理学世界中无法生存。正如哥白尼不认同托勒密的体系，一个极其重要的原因是，他觉得托勒密提出的偏心等距点毫无美感。这些物理学家之所以普遍接受爱因斯坦的理论，正是因为他们的品味在说话——这个公式太美了！

这个专业社群的人数比人们想象的要少。只要少数物理学家承认，爱因斯坦的理论就会进入现代科学的传播体系，爱因斯坦的创造力因此得以被发现、被传播。成千上万的人就接受了这一微小领域的判定，在并不理解它的情况之下，惊叹爱因斯坦的创造力。

反之，那些只强调阅读一手论文，获取一手信息，但输出很少，没有与专业社群建立信任关系的人，我将其称为"书呆子"。那些只创造了价值，却没有贡献原创信息，同样没有与专业社群建立信任关系的人，我将其称为"土豪"。认识无数人，却没有作品，没有输出独特信息的人，我将其称为"交际花"。

6

好品味来之不易，它与金钱、头衔、社交圈子无关，更多关乎简洁、美感和创造力。一个在计算机科学领域有品味的研究者，也可能会推崇错误的心理学理论。这意味着他的经验在计算机领域给他带来了好品味，然而，他无法顺利地将一个领域的品味迁移到另一个领域。

对于年轻创作者来说，一个常见的误区是：关注大量社会新闻、关注大量产品动态、阅读大量论文。然而，好品味在于"平衡"，即价值、信息与信任三者的平衡，而非单向输入。

因此，诺贝尔奖得主钱德拉塞卡与西蒙都鼓励少看文献。如果你将精读文献与垃圾文献混在一起，会让你看轻它的突破、重大意义。西蒙在1991年春，于美国卡内基·梅隆大学心理学系发表了一个著名的演讲《如何发现科学之美？》。在这篇演讲中，西蒙认为跟踪文献毫无意义，年轻科学家更应该关注人：

> ……在期刊激增的当代，"跟踪"不可能实现，甚至在一个世纪之前就不行了。及时定期阅读期刊杂志是和每天读日报一样发疯而浪费时间。那么，我们怎样才能不断地得到信息和学习呢？
>
> 首先，一个人要逐步积累可能感兴趣的领域中的朋友。朋友会让你注意他们自己的工作领域或其邻近领域中的真正重要的和惊人的进展。[13]

在这篇演讲中，西蒙还描述了他心中的科学之美：

> 美学价值。一个解答会被认为是有价值的，如果它在数学上是美的。许多科学家认为麦克斯韦方程或狭义相对论的闵可夫斯基时空表示形式是科学问题的美的解答，而不管它们可能具有的任何其他价值。
>
> 美并不总需要是数学上的。用自然选择解释进化有着它的定性的美，这里与任何数学没有关系。我们从中看到的是某种有力的简单性。在"市场价格是供给量等于需求量时的价格"这类原理中，我们看到了同样的品质。[14]

成为一名好品味的人的简单方法也许是：**追求价值、信息与信任三者的平衡**，也就是与少数好品味的人建立信任，并重视对方传递的信息，以它为基础，努力创造新的作品。

小　结

好思想，好在鲜活证据；好思想，好在思维的抽象级别高；好思想，好在品味。正如保罗·格雷厄姆（Paul Graham）所言：

> 优秀作品的秘诀就是：非常严格的品味，再加上实现这种品味的能力。[15]

雨是一生过错，雨是悲欢离合，活在这珍贵的人间，人类和植物一样幸福，爱情和雨水一样珍贵。但愿你，在春天在夏天在冬天在秋天，离离原上风中摇曳，以一颗有思想的青草姿态，面对整个世界。[16]

第四章

学习：主题、深度与行动
如何高效学习，持续成长？

第一节　元认知学习法

1

很长一段时间，我以心智专家著称，写的"学习方法"类文章广为流传，我的朋友圈里最不缺的就是学霸、高考状元、博导、读书破万卷的这类友人，都是一打一打的。当本书写到学习这个主题时，尽管这是我最擅长的主题，但它却是我思考最久的一个主题。

学习说简单也简单，简单到你每天只需要不断地学习即可；说复杂也复杂，为什么绝大多数人总是很难持续学习？在很多人心目中，结束学业等同于结束学习。同时，为什么绝大多数人的学习效率很低且不科学？

好的学习模式比想象中的要复杂。就像詹姆斯·马奇在《经验的疆界》中所言——你别再浪费时间寻找最优学习方法了，学习常常在三个层面同时发生：

» 第一个是学习做什么——寻找好的技术、战略或合作伙伴；
» 第二个是学习如何做——精进在某项技术、战略或合作上的能力；

》 第三个是学习期盼什么——调整绩效目标。[1]

因为学习在这三个层面同步进行，三个层面会相互干扰，最终导致人们学习效率低下。举个例子，一位读者写邮件问我：

总有那么多想看、在看但是看不完的书，怎么办？

这是学习者经常碰到的一个问题，我当时的建议是：你需要转换视角，从输入角度改为输出角度。请将你的目标切换为：我想写的读书笔记、正在写的读书笔记应如何完成？

再举一个例子。我曾启动过一个写作计划，每天晚上写几千字，写完一本给年轻小伙伴们的读本。那么，当我启动计划前，我考虑的是这件事情的意义——"学习期盼什么"；一旦进入具体写作环节，我思考的重心则改为如何完成——"学习如何做"。

还有一个团队层面的例子。有一段时间，我同时领导多个工程师团队与多个产品经理团队。工程师团队主攻人工智能写作项目，此时，我碰到的难题是"学习如何做"，如何快速并有效地理解和应用来自论文预印本网站 arXiv 的不断涌现的优质论文，以及来自代码托管网站 Github 的开源代码。而在产品经理团队中，我碰到的难题是指导产品团队"学习做什么"与"学习期盼什么"，反复提醒产品经理的品味与节奏。

2

学习同时在三个层面发生，这一点是"反常识"的，违背多数人的直觉。这也是绝大多数人学习效率低下，多数学习型组织无法建立的根本原因。

无论个人的学习行为，还是组织的学习行为，常常混淆了三个不同层面的事情。最典型的莫过于，当具体开始做一件事情时，反而转为思考此事的意义，思考来思考去，意义总是受到质疑，于是容易半途而废。对于创业团队来说，往往在创业之前，思考战略过少；在创业过程中，却经常调整战略。

思考目标有两类方式：关注抽象的"为什么"与关注具体的"是什么"。在计划阶段，人类倾向关注为什么，此时需要补充思考可行性，一旦开始执行，应更多考虑是什么。

它背后的原理来自近些年认知科学一个新的研究领域——心理距离。《科学》2008年发表的一篇综述值得参考。[2] 人类习惯将遥远的目标采取抽象化处理，忘记可行性；一旦执行较难的目标时，则又开始纠结意义。这也是人类进化带来的漏洞之一。

3

如果你手中只有一把锤子，你可能会将所有事物都视为钉子。正是因为学习同时在三个层面发生——学习做什么、学习如何做、学习期盼什么，你的目标会相互干扰，因此，不要奢望用一把锤子来应对学习的所有层面。

智力竞争的主战场无疑位于各自的专业领域，科学家之间进行科学研究的竞争，投资人则在投资领域展开竞争。从这些特定领域中能抽象出来的通用知识，经常偏向"元认知"。在学习开始前，你需要调整自我期盼，更多地思考学习任务的可行性；在学习开始后，你需要少谈主义，多谈方法，关注如何做。

什么是元认知？20世纪70年代，心理学家心理学家约翰·弗拉维尔（John Flavell）注意到一个特殊现象，学前儿童对自己的记忆力的了解与监控不像小学生那样有效。如果让小学生和学前儿童同时开始一个学习任务，并持续到他们确信能够完全记住，之后再询问他们的记忆情况。小学生回答已经记清楚的，事实上的确记清楚了；而学前儿童回答能够记清楚的，极可能是错误的。[3]

那么，注意力以及其他认知能力呢？是否那些对自己的记忆力、注意力这些认知能力的了解与监控更多的人，他们的学习能力与认知发展会呈现不一样的特征？沿着这条线索出发，弗拉维尔提出了元认知理论。他认为元认知就是我们用来理解或控制思考活动的各种知识或行为。元认知就像我们的思维导航，帮助我们根据目标或任务，主动地监控自己的思考过程，并做出相应的调整。[4]

正因为元认知如此重要，所以先后诞生了元学习、元注意与元记忆等相关研究主题。弗拉维尔在认知发展领域的重要工作，也先后使得他荣获美国心理学协会杰出贡献奖、美国国家科学院院士。

4

元认知为何重要？我们先来看一个经典的元认知研究实验。元认知有许许多多重要概念，其中最重要的莫过于"知晓感"（Feeling-of-knowing，FOK）。

什么叫做"知晓感"？心理学家用它来检测你的元记忆。它是指在记忆提取失败之后，你相信某一信息能从记忆中提取出来，但现在又提取不出来的一种心理状态。在元认知研究中，常常用FOK来考察学习者的元认知偏差程度。其中一个经典实验是罗伯特·比约克（Robert Bjork）的"能力错觉实验"。

假设你是实验的参与者，你需要学习三种词汇配对：（1）前向关联词对；（2）后向关联词对；（3）无关联词对。然后评估你的"知晓感"（FOK）指标。研究结果发现，人们经常高估后向关联的词汇记忆能力。例如，你可能很容易从"cheddar"联想到"cheese"，但反过来从"cheese"联想到"cheddar"就相对困难一些。[5]

自从元认知研究流行后，这类研究数不胜数，以致认知科学家普遍发现，人类并不能很好地区分"记住了"与"学会了"。人类大脑如此善于欺骗自己，总是倾向于将"记得"的东西，当作"学会了"。

人类大脑容量有限，爱走捷径，常常对一些本来不应该产生"知晓感"的词汇、学习的内容产生"知晓感"。"能力错觉实验"正是展示了这样一个现象：人们会根据事物的可能性赋予其相应的知晓感，但结果却常常出错。

如果你能更清晰地理解大脑的工作规律，岂不是可以更好地学习？这正是元认知学习法的意义。

那么，关于思维的思维、关于学习的学习、关于认知的认知，为何如此重要？因为，你对它的学习，更容易迁移到具体领域的知识上。如果我们将一生的学习比作一次旅行，那么元认知就好比是高铁。具体领域的知识则是你人生旅程经历的一站又一站。

5

我将自己的学习方法命名为：元认知学习法。具体来说，它包括了主题学习、深度学习和行动学习三部分。

主题学习： 在学习做什么上，用模式说话，一堆书大于一本书；一手信息大于二手信息；经典大于碎片；承载信息的人大于信息。

深度学习： 在学习如何做上，用深度说话，偏见大于平庸。

行动学习： 在学习期盼什么上，用作品说话，输出大于输入；用行动说话，实践大于围观。

来听个笑话吧。马克斯·普朗克（Max Planck）1918年荣获诺贝尔物理学奖后，在德国进行了一系列巡回报告。每次演讲的内容大同小异，都是最新的量子物理理论。时间一久，他的司机记住了讲座的内容。司机说："普朗克教授，我们老这样也挺无聊的，不如这样吧，到慕尼黑让我来讲，你戴着我的司机帽子坐在前排，你说呢？"

普朗克欣然同意。于是，他让司机假扮成他，给一群专家作报告。后来有个物理学教授站起来，问了一个难题。司机回答说："我压根儿没想到，在慕尼黑这样先进的城市里还会有人提出这么简单的问题。请我的司机来回答这个问题吧。"

这是芒格经常讲的一个笑话。[6]根据芒格的说法，这世上有两种知识，一种是"真知"，是由那些满怀求知欲的人投注许多时间与精力所换来的成果；另一种则被称为"司机的知识"。

如果我们将知识与技能的习得，看作一个树形结构。在学习早期，你常常需要执行主题学习，通过广度优先搜索，了解关键学者、关键期刊、关键知识点在哪里；在学习中后期，你常常需要深度学习，借助于深度优先搜索，突破学习的平台期。

在学习中后期，如果仍过于追求模式，总是对知识进行广度优先搜索，就会陷入一个典型的思维弊端，容易长期停留在学习的平台期，对较肤浅的"司机的知识"了解极多，但是难以迈入一个更高的层次。

无论在学习的哪个阶段，你都应该采取行动学习，坚持输出大于输入。学海无涯，苦作舟，乐作帆。大体上，学习知识会经历几个阶段：（1）对领域的偏好：在此阶段，不知道自己感兴趣的是什么；（2）对模式的偏好：在此阶段，智者辈出，自己则以介绍他人为荣；（3）对共鸣的偏好：在此阶段，已有一定的独立思想，渴望得到人群的响应；（4）对时间的偏好：在此阶段，开始触摸到真理的存在，并愿意放弃一些外在的追求，甘于平淡的生活。

多数人的一生，注定是以阅读他人的图书为主，被他人创作的模因所影响。然而，这世上，总有少数人，以创作者的姿态，独上高楼，蓦然回首，那人却在，灯火阑珊处。[7]

小　结

如果只在不被辜负时去信任，只在有所回报时去爱，只在学有所用时去学习，那么就放弃了人之为人的特征。[8]

第二节　主题学习：发现知识的好模式

1

不加选择的知识冲动就像不分对象的性冲动一样，都是下流的标志。[1]尼采的这句毒舌语说出了学习的第一要义：你需要选择学什么，不学什么。

如果我们将知识与技能的习得，看作一个树形结构，在学习早期，你常常需要执行搜索操作，了解好知识在哪里。有些人的搜索能力强于一般人，能迅速发现一个领域的核心知识。这些人多半是掌握了发现知识的"好模式"。

什么是模式？世界万物，自然涌现，在时空中塑形成功，固化下来，是为模式。在学习做什么上，你需要掌握"好模式"来处理大量信息，发现好知识。具体而言，这四个"好模式"格外重要：

　　一堆书大于一本书；一手信息大于二手信息；经典大于碎片；承载信息的人大于信息。

这就是元认知学习法的第一把锤子：主题学习。

2

先说一堆书大于一本书。教大家一个心智小窍门,无论做什么事情,解决任何难题,都要思考如何批量解决问题。如果你想找一个男朋友,不妨考虑如何吸引一群优质的单身男性;如果你要创业,不妨思考如何批量创造一批好公司。

如果你单想着怎么找一个男朋友,做好一个好公司,你很难得出一个巧妙的结论,因为人类的大脑并非如此设计的。人脑并不擅长在一个问题上深入思考,而更擅长在不同事物之间寻找差异。如果询问你的爸爸和妈妈有什么区别,你会马上得出众多结论:第一性别不同,第二外观不同,第三爸爸用的手机是iPhone,妈妈用的是安卓……

所谓知识,无非信息。通过"找不同",你可以在刹那间,获取大量的信息。人类大脑有很强的模式处理能力,它能快速地将两个人的不同之处找出来,这类能力太强大了,所以做任何一件事情想得到好的答案,要思考如何批量。

因此,我从来不买一本书,而是一箱一箱买书。买书应多,此时你尚不清楚同一主题,谁讲得更好,也就是对知识的树形结构进行广度优先搜索。此时乱读无所谓,读到烂书也无所谓;当了解该主题之后,一定要精读。就怕买书少,读书快。正如曾国藩所言:

> 买书不可不多,而看书不可不知所择。韩退之为千古大儒,而自述所服膺之书不过数种。柳子厚自述所读书,亦不甚多。[2]

好书与好书会相互竞争。假设你要学习认知语言学，作为一名之前从来没有接触过它的新手，第一步是买数十本认知语言学教材。拿着不同的教材，你看不同教材反复在讲什么问题，你就明白该学科的核心知识体系了。

如果你拿出三四本认知语言学教材来对照一下，那么你发现这些教材反复地在讲"范畴"以及"隐喻"。这就是认知语言学的核心内容。不同书籍反复出现的新鲜词汇即为学科基本术语。通过百科网站查阅清楚意思，再核查教材案例，即可快速掌握认知语言学的要义。

3

主题学习是快速进入任意一个领域的最好办法。如果将上述方法推广到学习任意一个学科，就是快速学习任意一个学科的"最小知识法则"。学习任意一个学科，你都可以问自己四个问题：知识的源头、核心话语体系、二级推演体系与其他学科或领域的观点。

知识的源头

源头落花每流出，亦有波澜。[3]第一个问题就是这一个学科的核心知识体系，它的源头是从哪儿来的？以认知语言学为例，认知语言学最早是为解决什么问题而诞生的？是什么支撑这门学科的成立？要解答这个问题，不是去看该学科或领域现在的教材，而是要看它最原始的那一本著作。认知语言学的原始著作是乔治·莱考夫（George Lakoff）1980年写的《我们赖以生存的隐喻》。[4]读后，你会明白认知语言学因为"范畴与范畴化"而诞生。

核心话语体系

第二个问题：这个学科或领域有怎样独特的话语体系？某个学科或领域因某种原因诞生，那它必然有一套跟其他学科或领域不一样的话语体系。如认知语言学，它跟"认知修辞学"与"认知心理学"大不相同，强调"基本层次隐喻"作为人类的基本思维方式。

二级话语体系

任何一个学科或领域，都会形成一套独特的话语体系，而这个话语体系会进一步发展，形成二级话语体系。所以第三个问题就是：该学科或领域的二级话语体系是什么？接着上面的例子，认知语言学的二级话语体系是什么？答案是"象似性原则"与"经济原则"相互冲突，导致人类心智与语言的一些有趣之处。例如，人类语言习惯一定是有生命的大于没有生命的，人类先于动物，阳性大于阴性。再如我们只会说美女与野兽，而不会说野兽与美女；只会说夫唱妇随、男耕女织，而不会说妇唱夫随、女耕男织。

其他学科或领域的观点

但是，功夫在诗外，仅仅停留在一个学科或领域还不够。你需要思考第四个问题：其他学科或领域如何看待这个学科或领域的大问题？仍然以认知语言学为例，此时，我们关心的是社会心理学如何看待隐喻，这是社会心理学的社会认知研究分支要解决的问题。

以上是学习任意一个学科或领域要掌握的四个最小知识。我将其称为学习任意一个学科或领域的"最小知识法则"。如果你掌握了某个学科或领域的四个最小知识，就很容易理解该学科的全局，不会被细枝末节带歪。

4

接着我们再说一手信息大于二手信息。《经验的疆界》这本书将寻求智慧的人分为三类。[5] 在寻找智慧的路上，存在不同路径。

一类是笛卡儿信徒。这一类人崇尚科学，擅长分析。他们喜欢一板一眼的演绎方式，追求简练但推广性强的理论。他们主要来自科学领域，如数学、逻辑学以及深受这几个学科影响的相关学科。

一类是讲故事的人。这一类人强调语言、暗喻、阐释意义。他们喜欢将自己放在权威与成规定见的对面，捍卫弱势群体尊严。他们主要偷师文史哲、人类学与宗教等领域。

一类是达尔文信徒。如果说笛卡儿信徒是科学主义者，讲故事的人是人文主义者，那么达尔文信徒则是行动主义者。以达尔文之名，他们强调适应环境。他们将人、动物、技术、各类组织、整个社会都看作是适应的产物。

同样，一手信息与二手信息也可以沿着这三个维度去区分："最小模型""最小故事""最小行动"。我建构的模型是否能像相对论那样，抽象级别足够高，无法分解，是谓"最小模型"。

对于最小模型，主要看其抽象级别，视野开阔程度，是否足够高屋建瓴。可以借助某个学科领域中的顶尖科学家来快速掌握本领域中的已有模型，然后基于种种已经存在的模型，最终挖掘出本学科最高级别的"最小模型"。

一般来说，在自己的专业领域，应以一手文献为准。一手文献建构观点与论据的模式更值得你学习，而二手资料可能会破坏原始的创意和美感。

对于最小故事，则看其影响人类社会的程度，能否作为故事广为流传。故事与模型不同，故事不像模型那样对"现实世界"进行抽象，也不追求对世间万物的理解是否正确；而是注重是否激发了某种情绪。当我们还是猴子时，那些在猴群中传播的行为，例如相互挠痒痒，最终将单只猴子连接为猴群，将人类从单独个体组织为部落。当人类语言诞生后，相互挠痒痒的这类社会互助行为变为故事与八卦，将人类社会组织在一起，最终从村庄到城市。

无论模型还是故事，都是他人的见解。从理论到实践，需要"行动"。如果说脑与认知科学致力于挖掘人类大脑相关的模型，解开大脑与意识之谜："我是谁？我从哪里来？我将到哪里去？"人类学、叙事学、文艺学、诗学、修辞学致力于讲述最动听的人类故事，那么，行动科学致力于研究人类如何从理论到实践。

《改变》一书是行动科学的源头著作，作者尝试将数学群论与人类行为结合,最终诞生了一个神奇的学科:行动科学。[6]另外,我推荐过的《教聪明人学习》是行动科学创始人克里斯·阿吉里斯(Chris Argyris)经典之作。[7]行动科学将在系统内的改变称为"第一序改变",将跳出系统的改变称为"第二序改变"。举个例子,老师越是关心问题少年,问题就越多;而老师有意忽视学生,反而可能重新获得对方的重视。这就是行动科学的"第二序改变"带来的神奇效应。

因此,你可以沿着这三个维度,去区分一手信息、二手信息。

» 模型:是一手的模型与否?抽象级别是否足够高?
» 故事:是一手的故事与否?是否制作了某个广为流传的新故事内核?
» 行动:是一手的行动与否?是否提供了某种新型"第二序改变"?

5

接着再说**经典大于碎片**。时人读书,喜欢追新。却不知读书追新,是将知识根基建立在空中楼阁之上。如果将知识理解为大海,在任何一个世纪,都存在一些优先级别更高的学科,是"元学科"。潺潺溪流,肆意大海,更多学科由此生发。某种意义上,"元学科"是学科的学科、知识的知识、方法的方法、技能的技能。

这些元学科，有三大共同特点：其一，有一个足够简单的规则，能够描述事物的次序与组成；其二，这个足够简单的规则，能够以小容大，兼容无穷大的差异化；其三，它能投射到尽可能多的世界。

仁者如水，有一杯水，有一溪水，有一江水，圣人便是大海。[8]同样，如果说可用之书只包含10篇论文左右的知识密度，是细枝末节；杰作与神作则是生发新思潮的源头。十年光阴，我将读过的代表21世纪人类智慧巅峰与知识源头的"元学科"经典著作汇编成册，是为"通识千书"（参见《聪明的阅读者》一书第十一章）。

6

在一个信息过载时代如何应对信息洪流，你还需要铭记：**承载信息的人大于信息**。正如我的一位朋友所言：

> 我现在面对信息过载的方法是：不要面对信息，而要面对人。比如我自己去看人工智能的报道，效率很低，但在阳老师创办的开智社群中，我就不会错过最重要的信息。也就是说，到头来，信息本身不重要，承载信息的人最重要。这是我在信息过载的社会中多年的体会：信息原来并不那么重要。因此，我现在反而更加强调时间超前的地理性。信息过载的解决方案

是什么？就是信息不重要，承载信息的人才是最重要的。你应该去与处在时间最前沿的人群建立联系，形成小社群。[9]

信息过载的解决方案是什么？就是信息不重要，信息承载人才最重要，你得去和时间最前端的人群连成小社群。

小　结

好的模式是利用一堆书、一手信息、经典与承载信息的人。从它们出发，更易发现一个领域的关键知识。

第三节　深度学习：突破学习舒适区

1

有一年，我们团队一位曾经的实习生前往德国攻读博士学位。在他还是心理系本科生的时候，曾经和我联系，我给他的一条建议是：**年轻时尽量去做更难一点的事情**。那时，他正忙于翻译和撰写心理学科普文章。对于一名心理系本科生来说，翻译和写作科普文章虽然相对容易，也能迅速获取社交媒体的认可，但这种浅尝辄止的认可可能会让他误入歧途，逐渐偏离他原本可能走向的科学家之路。

所以，我当时建议这位学生下苦功夫，深耕编程、生物学、数学等更难一点的事情。如今回头看，这个建议是对的。他在硕士阶段加入的研究所的负责人荣获了2014年的诺贝尔奖。当时诺贝尔奖获奖消息公布时，他恰巧在现场。此事对他冲击很大，使他逐步养成了科研意识，他也即将成为一篇优秀论文的作者。

而他过去的编程训练，得以让他可以加入我的团队来实习，直接接触到一些前沿技术，进一步了解自己适合做什么，不适合做什么。我相信这段短暂的实习生涯未来会影响到他的职业生涯发展。

2

为什么年轻时要尽量去做更难一点的事情？知识的最佳抽象结构是树形结构，人类对知识之树的常见搜索方式有两种：深度优先搜索、广度优先搜索。在第二节中，我们已经介绍过广度优先搜索，也就是主题学习，为了寻找到好知识，你需要努力掌握好模式。

人类大脑爱模式，它的自动脑补功能非常强大。当你阅读"汉字顺序并不一定影阅响读"这句话时，大脑会自动修正为正确的语义；当你看到三根并非连续的线条时，你会将其脑补成一个三角形。

主题学习善于运用"大脑爱模式"这一特点，它从多中找不同，侧重高阶抽象能力，符合人类的天性。你的大脑采取此种工作模式，较为舒适。

然而，深度学习不一样，它对知识之树采取深度优先搜索策略，需要你深挖。深度学习常常与人类大脑工作方式背道而驰，超出了人们的学习舒适区，外在表现就是：难难难。

3

深度学习，难在它需要你发现深层次的因果联系。马奇（James March）将人类从经验中获取智慧的模式区分为两种，一种是低智学习，是指在不求理解因果结构的情况下，直接复制与成功相连的行为。另一类是高智学习，是指努力理解因果结构并用其指导以后的行动。[1]

先来看一个"低智学习"的例子。假设有人看到朋友在社交媒体上发布的旅行照片,发现朋友的生活看起来非常快乐和充实。因此,这个人决定也去旅行,希望能通过旅行找到快乐。然而,他没有意识到的是,朋友在旅行中能找到快乐的真正原因,是他热爱探索新的地方和文化,而不仅仅是旅行本身。这个人的做法,就是"低智学习",他只是模仿表面的行为,而没有理解真正的原因。

再来看一个"高智学习"的例子。假设有一位企业家,他在经营自己的公司时遇到了很多困难。他不仅分析了自己失败的原因,还研究了其他成功企业和失败企业,以及这些企业处理困难的方式。他还阅读了大量关于管理学、心理学和经济学的书籍,以便更深入地理解所面临的问题。最后,他总结了一套解决问题和避免失败的策略,并将这些策略应用于企业运营。这位企业家的做法,就是"高智学习",他不仅看清了问题的表面,还洞察了问题背后的原因,并以此来指导他的行动。

4

深度学习,难在需要你将知识内化为本能。为什么你是新手而不是专家?作为新手,你与专家最大的区别在于对方掌握了大量内隐知识。

什么是内隐知识呢?我们可以从学骑自行车这个例子来理解。

在我们小时候学习骑自行车时，一旦掌握了这项技能，长大后骑车时就能够做到一心两用，这表明骑自行车的技能已经转化为我们的一种内隐技能，不再需要大脑进行额外的思考和努力。专家之所以比普通人更高效，就在于他们在自己的专业领域内掌握了大量的内隐知识，许多技能已经实现了自动化。

内隐知识的对立面是外显知识。以编程为例，如果你初次涉足编程领域，你需要了解 Python 语言包含哪些要点，以及如何记忆、分析和运用这些要点。这种知识，就是我们所说的外显知识。

专家不仅掌握了上述知识点，还具备一整套行为规范。例如，专家级的工程师懂得如何更有效地与他人沟通，如何更清晰地表达需求，以及如何优质地完成输出，这些也是内隐知识的一部分。正如第一章所述，我们可以将人类大脑的工作机制划分为三个部分：自主心智、算法心智和反省心智。而人们的内隐知识模块，主要在自主心智层面发挥作用。

5

人类最早的学习是狩猎，部落中的年轻人跟随父母学习打猎，维持人类生存并促进发展。这种以学徒制为代表的学习方式在步入工业时代之后逐渐没落。在工业时代，我们习得了一整套教育制度并沿袭至今。然而它事实上阻碍了我们在信息时代的知识狩猎。

如今，这是一个以海量知识、记忆外部化为典型特征的时代。

为了更好地进行终身学习,你需要重新做一名学徒——认知学徒。借助于认知学徒制,你才可以更好地观察导师的工作方式,学习更多内隐知识,就像英国哲学家迈克尔·波兰尼(Michael Polanyi)所言:

> 正因为艺术无法精确界定,所以它只能经由体现其精旨的实践范例来传承。你得首先崇信一位大师的作品,继而才能观察他并从他那里真正学到东西;如果你想学习一门艺术或者师从某人,那你就必须将这门艺术视为神圣,将这人视为权威。[2]

因此,在深度学习时,偏见大于平庸。同样,也像罗杰·尼伯恩(Roger Kneebone)在《精进之路》(*Expert*)一书中一样,你可以将认知学徒之路分成三个阶段:学徒、熟手与大师。在学徒阶段,你在师傅指导下,通过观察和模仿学习基本技能;在熟手阶段,你开始独立,为自己的工作负责;在大师阶段,你开始传授知识和专长,教导他人,引领行业新方向。

无论是波兰尼还是尼伯恩,都让我们意识到,深度学习是一个循序渐进,逐步成长的过程,在这个过程中,跟随一位杰出的大师格外重要。而大师往往有自己的偏见,而你所做的是先相信大师,接受偏见,之后才逐渐自成一家。而非相反,在学徒阶段,只相信自己,那么可能会导致进展缓慢。

6

深度学习，难在你是孤独的。借助于主题学习，你可以快速掌握任意一个学科的要义。此时，你拥有的知识，多半是众人皆知的知识。它难以构成你的核心竞争力。步入学习深水区，你将遭遇很多平台期，别无他法，需要硬扛着过去。如此反复。慢慢地，你的学习能力才会提升。

在这样的路上，你常常是孤独且不自信的。你不清楚自己是做对了还是做错了。看畅销书，容易；坚持看学术专著，难。刷朋友圈，易；坚持输出，难。选择人人都走的路，易；与众不同，难。

然而，人人选择的路，开始轻松，后面难。声望会一点点地改变人们的爱好。为什么在年轻时要选较难的事情做，绕开那些表面名利双收的事情。因为后者需要加上那么多名，那么多钱，才能与你喜欢的事情打成平手。

如今，阅读如同跑步一样，逐渐成为中产阶级的新标志。多年前，陆澄问阳明：看书不能明，如何解？阳明如是回答：

> 此只是在文义上穿求，故不明。如此，又不如为旧时学问。他倒看得多，解得去。只是他为学虽极解得明晓，亦终身无得。须于心体上用功。凡明不得，行不去，须反在自心上体当，即可通。盖四书、五经不过说这心体，这心体即所谓"道心"，体明即是道明，更无工。此是为学头脑处。[3]

这段话的意思是：只有字面理解不能深入其意。有的读书人虽然见多识广，但未能真正领悟。真知须从内心体会，所有不明或不能实践的，都要反观自心，才能真悟。四书五经实际上讲的就是内心世界，理解内心即是理解道，并没有其他技巧，这便是学习的首要之处。

乔布斯说，你们的时间有限，所以不要浪费时间活在他人的生活里。[4]很多人听演讲时很激动，却做不到。不是因为不懂，而是不知道自己过的是他人的生活。当世界变得越来越复杂时，就越来越不太可能有跟你一样的人。寻求同理很难，寻求认同更难。你需要将自己从他人的期望中抽离出来，你需要回归自我，体悟道心，让好奇心和乐趣本身成为学习最好的奖赏。

7

如果你把知识和技能的习得看作一个树形结构，在学习的早期阶段，我们需要进行广度优先搜索，了解关键的学者、期刊和知识点在哪里；而在学习的中后期，我们则需要进行深度优先搜索。此时若再执行广度优先搜索，容易长期停留在学习的平台期，了解极多肤浅的知识，但是难以迈入一个更高的层次。

日本剑道的守破离，以及从新手到专家的德雷福斯模型，都在阐述这个道理——在打破规则之前，先遵循规则进行练习。同样，在《专精力》(Mastery)一本中，作者罗伯特·格林（Robert

Greene）谈到登峰造极之路上的三种人——或多或少就是我们自己。

» 浅尝辄止者（Dabbler）：每投入一个新领域，看一本新书，新工作，新感情都兴奋不已，但从来没有做出深度。他们不能接受平台期，一遇到平台期他们的激情就消失殆尽，开始寻找新的领域，新的事业，新的感情来重新点燃他们的激情。
» 偏执狂（Obsessive）：对得到结果很执着，急于通过大量努力来快速提升自己，忽略基本功，寻找捷径，不断地学习具体、高级、直接的技术。同样地不能忍受平台期，一发现自己进步不了，就更加努力地学习。在感情方面，不能忍受平淡，通过不断地制造浪漫来保持高潮。
» 骇客（Hacker）：愿意一直待在平台期，常常忽略登峰造极过程中的关键过程，迟到早退，不愿意接受新的挑战。[5]

这三种人的状态是我们在登峰造极的过程中需要时时提醒自己避免的。正如友人童牧所说的一样：

登峰造极的过程是分阶段的，每一个阶段都会有长期的平台期。在每个阶段的平台期，你需要面对新的、不熟悉的内容，并通过稳定、长期的训练将它们内化。只有你将基础的内容内化之后，面对高阶的内容你才能应付自如。这就像象棋初学者不可能立即掌握策略一样，你首先需要了解基本的走法，然后学习一些简单的战术组合，不断提升组块的抽象程度。当然，要做到这一点，每一个阶段都需要将学到的知识"内化"。[6]

深度学习时，常常遭遇平台期。广度优先搜索侧重高阶抽象能力，符合人类天性，容易培养；但深度优先搜索会遭遇很多平台期，不容易培养。登峰造极是分阶段的，需要你挺过一个又一个平台期。那么，为了挺过深度学习的平台期，你可以做些什么呢？我的建议如下：

提升知识树的抽象水平

你可以从观看视频开始，然后阅读科普著作，接着学习专业论文与教材，依次递进。例如，如果你对人工智能感兴趣，你可以先从观看TED视频开始，了解基本概念和应用。然后，你可以阅读相关的博客文章或科普书籍，以深入理解这个领域的各种理论和技术。接着，你可以阅读专业教材，以获得更深入的理解和更具挑战性的知识。最后，你可以阅读一手的学术论文，以了解该领域的最新研究和进展。

精细加工

做笔记等等都是精细加工的方法。写读书笔记，百千万，效果大为不同。不要投机，有很多体力活是终身受益的。例如，当你读一本书时，你可以在阅读过程中做笔记，记录关键点，重要概念，或者你自己的思考和问题。这不仅可以帮助你更好地理解和记忆所读的内容，而且可以让你在以后需要的时候快速回顾和查找。这就像是你在精细雕琢你的知识，使其更深入。

赋予知识新意义

读书最有成就感的时候，就是当你发现一本书中的知识，和另一本书中的知识有所关联，你竟然能够理解并搞懂它们！例如，当你读到一本关于经济学的书时，你可能会发现其中的某些理论或概念与你之前在一本心理学书籍中读到的某些内容相似或相关。这种发现和理解的过程，就像是你在为你的知识赋予新的意义，使其变得更有用。

情境学习

有效学习是融入相关情境，找寻属于自己的"学习共同体"。新手初期在重要成员周围做些辅助性的工作。随着技能的增长，新手逐渐进入学习共同体的核心，做更重要的工作，成为熟手，最终成为专家。

从"情境学习"出发，当一名"认知学徒"，关键点包括：

» 找到学习共同体——因为大量知识存在于学习共同体的实践中，不是书本中，所以有效的学习不是关门苦练，而是找到属于自己的学习小团体。例如，程序员可以在类似于 GitHub 这样的网站上练习编程。

» 隐性知识显性化——隐性知识是指那些使人们有能力运用概念、事实以及程序解决现实问题的知识。显性化是将其呈现出来。

> 模仿榜样——尽量模仿现实生活中的导师,如果身边实在接触不到,则去历史上、媒体上寻找。
> 培养多样性——在多种情境中实践,以此强调学习广阔的应用范围。例如,裁缝出师并不需要一万小时的练习,真正需要的是能够给不同顾客都缝制出质量上乘的衣服。

有反馈的测验

测验的重要性超过我们的想象。就像芒格关于组建跨学科知识体系的建议中所言:

> 不管你喜不喜欢,必须掌握到能通过测试的水平,能常规应用其最基本的内容,尤其是那些比自己所处专业更为基础的学科。[7]

向他人复述是一种测验,写出来是一种测验,参加正规考试也是一种测验。学会提出自己的目标,自己给自己出题,再评估自己实现目标的效果如何,如此反复,元认知能力就会逐步提高。

小 结

"我像太阳一样热爱生命和大海的全部深度。这对我来说意味着:一切深度都应该上升——到我的高度!"查拉图斯特拉如是说。[8]

第四节　行动学习：输出大于输入

1

每一年生日，我都会给自己选择一个关键词，作为来年行动指南；同时也会选择一位历史上的榜样，看其人，读其书。同时，我也会为下一年设定学习主题，并创作一本属于自己的书。以下是我从2009年到2012年的部分成果。

» 2009年：幸福。成果是主编了一本印刷数十次的著作。
» 2010年：心智黑客。成果是若干篇文章与若干书稿。
» 2011年：Web编程。成果是数个商业产品。
» 2012年：社会网络分析。成果是译作《社会网络分析》。[1]

这就是过去几年，我工作之余的行动学习。什么是行动学习？在学习期盼什么上，用作品说话，输出大于输入；用行动说话，实践大于围观。

2

只有输出才能更好地学习，同时你还需要进行刻意练习，提高输出的难度，才能真正学会。否则你将始终陷入误以为自己已经学会了的元认知错觉中。这就是认知科学近些年来的主流理论："必要难度"理论。

什么是"必要难度"理论？人类记忆存在广泛且普遍的元认知错觉，会误将"记住了"当作"学会了"。如果你把人的大脑简单地比喻为一块硬盘，那么每次记忆就好比是往这块硬盘中写入数据。尽管你可以将人的记忆想象成无限容量，但是这些硬盘上的信息会相互竞争。

人的记忆有两种基本机制：存储和提取。近些年来，认知科学家们在研究人们的记忆竞争时，区分了两种不同的类型：存储优势（Storage strength）和提取优势（Retrieval strength）。以前人们以为，记得越快，就是学习效果越好。简而言之，存储越容易，提取就会越快。但是近些年的最新实验发现了一个与常识相反的结论："存储与提取负相关"。也就是说，存入记忆容易，提取出来会不容易；反之，如果你有些吃力地存入，那么，提取会更容易。

如果你希望借助认知科学的新发现来提升学习效果，那么你需要在输入阶段，也就是记忆存储阶段增加难度，这就是"必要难度"理论。具体而言，认知科学家证实了以下常见必要难度现象的普遍存在。

» 地点的必要难度：换个地点背单词，创造情境尤其是地点的不一致。

» 时间的必要难度：放慢学习速度。工作记忆学到的内容，人们很快会忘掉，所以速度越快越没什么好处，反而长时记忆更重要，因此不要在课堂上写笔记，而是几个小时后写笔记。

» 分散学习的必要难度：与临时抱佛脚的"集中式"学习相比，拆分学习时间地点的"分散学习"效果更好。

» 交错学习的必要难度：不要一个概念一个概念地学习，而是要在情境中反复交织、穿插多个主题学习。

» 提取的必要难度：可以利用生成效应与测试效应。利用生成效应就是换成自己的口吻来重复知识点；利用测试效应就是通过考试来记住知识点。

3

人类需要通过行动来学习，只有在行动学习中，通过在输入阶段创造适当的难度，你才能真正地学会。那么，怎样才能更好地行动学习？谈两个高阶技巧：写书与里程碑。

先说写书。人类知识的最佳抽象结构是什么呢？答案是树形结构。麻省理工学院计算认知科学教授特南鲍姆在一篇论文中探讨了人类表征抽象知识的最佳结构。他比较了循环结构、星形结构、方块结构、链条结构等不同结构，最终证明人类表征抽象知识的最佳结构是树形结构。²树是一种特殊的网络。树有唯一通道,从一个概念通往另一个概念。每一个通道可以无限展开。

正因为树具有唯一的通道并且可以无限扩展,因此,它成为人类存储抽象知识的最佳结构。借助这个原理,我常用的一个高阶技巧就是,在进入某个领域时,会假设自己要写一本书。在这个过程中,我会反复思考:如果自己来写这本书,那么,这本书的体系会是什么样?有哪些打动我的地方呢?在时间和精力允许的情况下,我甚至会真的写出一本又一本书!

因为这本书是我自己写的,我对它的树形结构了如指掌,借助这本书的大纲,我可以掌握任意一个学科的体系。刚开始的时候,可能会闹出一些笑话,但这没关系,知错就改,承认自己不懂。

随着你的成长,你的知识树会越来越丰富,甚至会自我生长!举例来说,我在2008年主编的那本书,6年印刷20多次,无意中影响了众多省市的中小学心理健康教育。遗憾的是第1版有不少错误,在朋友的帮助下,我大幅度修订了原书,最终出版了第2版、第3版。主编此书时,恰逢人生低谷,多年后回头看,已风轻云淡。

4

只有愚人才会追求完美,用作品说话,一个完成的作品总胜过一个未完成的作品。而作品,就是你的一个又一个里程碑。这就是行动学习的第二个要点:你需要设立里程碑;你需要给自己的行动、作品或实践赋予仪式感。有明确的开始和结束，这样你才能一次次提升自己的行动力。

何为人生关键里程碑？即使是路人也能理解。举例来说，你在读本科时在顶级期刊上发表论文；你创业之后，公司成功上市。这类里程碑，命运会给每个人三到五次大机会，小机会就更多了。就如同人生游戏中的BOSS任务一样。你需要借助人生的关键里程碑来激励自己集中精力。这类关键里程碑会极大地塑造你的自信心。多数人因为缺乏这类仪式感，即使博士毕业，也常有自卑感。

我这个小镇青年走过的路，向来与众不同。为什么这个复杂的社会，能容忍我如此简单乏味的生活方式呢？因为我在人生关键里程碑上得到了"路人"的承认。诗歌获奖让我在大学时期直接找到了一份收入颇丰的兼职工作；首届北京市挑战杯特等奖与大学本科阶段发表的十几篇论文，建立了我的学术自信。

5

要创造杰出的作品，获得人生关键里程碑，你需要有品味，不能只求中庸和平衡。读书时，那些面面俱到，人际关系处理得最好、成绩也不错的人，通常是班上某位坐在前排的同学。但十年后，你会发现，在社会上最优秀的人并不总是这类人，反而那些看似有缺点，却光芒四射的人更有可能脱颖而出。

一旦你清晰地意识到这是你的关键里程碑，你需要放慢节奏，深刻地感知它，并赋予它仪式感。你可以写一些纪念文章，或者拍照留念。这样未来它们还会反复给你正反馈。如果在人生关键里程碑来临时，你不去放慢节奏，感知它，那么你就浪费掉它了。

有的学霸认为本科考上顶尖高校不算什么，实际上这就是在浪费它。而有的学霸会善用它，积极地去组织讲座，把正向情绪传达给更多人，于是他自己的收获就更大了。我认识不少十年后取得更大发展的学霸几乎都干过这样的事情。例如，某位学霸高中考上顶尖高校时，给当地很多学弟做分享，结果有几位对他如今的事业发挥了关键作用。

尽力而为，结果不可预知，养成拼的习惯，此事不成，未来也会成，这就是柳井正的九败一胜。[3]乔布斯的大胜同样是在失败几次后取得的。经历九次小失败，然后迎来一次大胜，这是成功创业者的常态。搞科研、做学问也是这样的。败要败在"事"，不要败在"人"。"事"指产品，"人"指人品。

6

2007年左右，我的两位好友叶富华与丁健将TED引入中国，并创办了TEDtoChina网站。对于现在的我们来说，TED已经不再是一个陌生的词汇，与他们二位的贡献密切相关。正因为叶富华在中国普及TED的贡献，他被选为TED follower。

那么，怎样更好地利用TED演讲资源来学习呢？TED有数千个演讲视频，这为练习元认知学习技能提供了好机会。当今社会，人们经常面临庞大的信息量，如何将它们缩减与内化之后，为自己所用，是一个越来越重要的技能。让我们以 TED 为例，来阐述元认知学习的三个要点：主题学习、深度学习以及行动学习。

主题学习

刚开始面对庞大信息时，我们常常不知道如何进行归类，此时，采用社会推荐体系是一个很好的方法。我们查阅 TED 官方网站，发现恰巧他们也有播放列表功能，比尔·盖茨等人都分享了喜欢的 TED 视频。你不妨去翻阅 TED 最受欢迎的列表。我们发现，有 33 个列表是由名人创建的，而 TED 官方则创建了 104 个列表（2014 年的数据）。

元认知学习的第一步完成：建立组块。我们将上千个世界级的知识点分解为更小的组块了——从 1400 个视频到 33 个列表或者 104 个列表。虽然已经精简到百位数以下，但值得学习的 TED 视频仍然很多，那我们该如何应对呢？

这也是我们在信息过载的时代学习时常常面临的情况：小的知识点实在太多。光是一个体系之下的知识单元就常常成千上万。此时，你需要进一步精简，这就是主题学习：一次集中攻克一个主题。

例如，这个月我们只观看与自我提升相关的视频，如《更好的你》（A better you）和《更聪明地工作》（Work smarter）这两个系列。到了下个月，我们将专注于心理学和脑科学的内容，比如《我们的大脑》（Our brains）、《我的大脑是如何工作的》（How does my brain work）以及《什么使我们快乐》（What makes us happy）这三个系列。

当然，我的职业是认知科学，所以举例集中在此，你也可以根据自己的兴趣，去学习：写作、讲故事、公益创业、艺术、儿童教育等等。你可以创建一个播放列表，把本月重点学习的主题列表导入其中，然后将该列表同步到你的其他移动设备上，实现随时随地的学习。

深度学习

请注意，社会化推荐机制只是建立组块的一种方法，并不一定是最佳的方法。我经常碰到这种情况，专业地位很高的好书，在互联网上评分很差；相反，一些伪科学图书，却是高分。所以，在通过社会化机制对体系建立一个初步认知之后，此时，深度学习更重要。

通过前一阶段对TED视频的学习，结合查阅相关百科网站与各个专业的学会分会网站，你会对某个领域形成超出一般人的深入认识。但是此时还难以达到较高水准。可以参考前述建议，不断地进行深度学习。例如，除了看视频，还去查阅视频作者的原著及相关学科领域的论文，这会让你更清楚作者的历史地位以及不足。刚开始也许对这个演讲者很陌生，慢慢地，通过查阅他（她）的更多材料，就对他（她）形成更丰富的认识了。

行动学习

做点什么吧。用作品说话，输出大于输入；用行动说话，实践大于围观。正如保罗·格雷厄姆在《如何才能去做喜欢的事情》一文中所写：

> 要想工作得快乐，不仅要做自己喜欢的事，而且是令人佩服的事，是那种做完可以说"哇，太酷了"的工作。不一定非得制造点什么出来，学会开滑翔机，说一口流利的外语，都足以让人感觉很酷，至少是那一刻。可以用这种方法来测试自己。
>
> 我认为读书就不符合这一标准。除了某些数学书或者实用科学书籍，很难准确说明读完一本书后的感受，这也是为什么读书和工作不太一样。只有在实践中运用了读到的知识，才会感觉有收获。吉诺·李（Gino Lee）告诉过我一个好方法——做一件能让你的朋友说"哇"的事情。但这可能不适用于22岁以下的人，因为他们认识的人太少，碰不到真正的朋友。[4]

假设你是一位开发者，通过阅读上述文章，你可能会产生一些想法：既然TED官方网站的播放列表很有用，那么，我是否可以创建一个用于记录自己的播放列表和学习进度的小型App呢？它不仅支持TED，还支持其他类似于Courera等网站呢？这位演讲者讲了一个有趣的故事，我能不能写一封邮件给他/她，看看有什么合作可能呢？

7

知识并不会仅仅停留在脑海中，还可以成为论文、软件、算法等更广泛的作品形态。从知识到产品，如何更好地运用"元认知学习法"？我在职业生涯早期学习"社会网络分析"的经历恰巧能很好地说明这一问题。

第一阶段：主题学习，寻找源头。2000年秋季，那个时候网络心理学刚刚兴起。我搜集了所有跟这个领域相关的2000篇文献，将其整理为《网络心理学研究者参考资源》。我用了3个月的时间，不加选择地顺着线索全部阅读，发掘源头知识。在这个过程中，我发现了许多优秀学者。而这些学者也是刚开始研究这一领域。其中有一位就是从社会网络分析的角度探讨网络心理学。

我当时还是一位什么都不懂的学生，那时Facebook、微信这些如今流行的社会网络还未诞生。但我独立寻找到了知识源头。有了这些源头信息，就可以容易地预测出社会网络会成为一个趋势。当时我得出的结论"社会网络会变得重要"，并不是导师告诉我的，而是借助整理国家图书馆的资源，用3个月时间把2000篇文献编成卡片索引，不分轻重地进行广度搜索，独立生成新的知识体系。我当时将其命名为"网络心理学"，其他研究者则称之为"互联网心理学"和"因特网心理学"。完成广度搜索后，我意识到社会网络和心理学结合，最有前景的就是社会网络分析。

第二阶段：深度学习，大量输出。 完成了广度搜索，紧接着进入第二步的深度学习，这个时候就必须去做实验和收集数据。当时我顺着社会网络分析的方向，一口气发表了近十篇论文，有些论文现在看来可能内容不够充实，但当时许多人不懂这个领域，所以我就以本科生的身份不断地发表。在大三时，我的一项子研究还获得了北京市首届挑战杯科研竞赛特等奖。这时，深度学习变成了一种输入-输出式的学习方式。每篇论文都变成了具体的成果展示，得到了业界的反馈。一些心理学工作者在看到我的论文后主动联系了我，不少人后来成为了我二十多年的好朋友。

第三阶段：行动学习，形成产品。 在行动学习这一阶段，我做了一件有趣的事情。在2002年到2004年的时候，基于自己对社会网络的研究和理解，与其他学者联合开发了一套软件，这套软件被命名为"安人社交网络测量软件"。这时候是把知识转化为了生产力，形成一个具体的产品。借助社会网络分析，判断一个班级中谁最容易被忽视，因为被忽视的对象往往存在一定的心理健康风险，这套软件对一个组织机构和学校的心理教师有帮助。以下为安人社交网络测量软件输出结果示范。

孤独者及边缘者列表

座号	姓名	性别	被喜	被拒	互喜	互拒	位置	人际类型	小团体分组
9	张某聪	男	1	14	0	3	边缘	被拒绝	1
40	张某萍	女	1	2	0	0	边缘	被忽视	1

续表

座号	姓名	性别	被喜	被拒	互喜	互拒	位置	人际类型	小团体分组
19	林某维	男	2	2	0	0	边缘	普通	1
3	简某珊	男	1	0	0	0	边缘	被忽视	2
15	陈某思	男	0	11	0	3	孤独	被拒绝	2
27	陈某荣	女	0	4	0	1	孤独	被忽视	2
30	游某琪	女	0	3	0	1	孤独	被忽视	3
11	陈某儒	男	0	4	0	0	孤独	被忽视	3
21	李某颖	男	0	1	0	0	孤独	被忽视	3

通过这个例子，大家可以看到我是如何从主题学习到深度学习，再到行动学习，最终创造出新的产品或社会价值。

小 结

主题学习、深度学习、行动学习，循环往复。慢慢地，你将更容易获得更多优质知识以及更好的元认知技能。

第五章

人性：模型、能力与偏好
如何更深入地理解自己与他人？

第一节　如何理解人性？

1

当我们谈起命运，它总是不好的。西谚有云：人们将生命中的错误聚集在一起，创造出一个恶魔，它就叫作命运。如果命运来凌辱我们，我们就毫不犹豫地予以报复——这是莎士比亚的强势；我走在命运为我规定的路上，虽然我并不愿意走在这条路上，但是我别无选择——这是尼采的无奈。

那么，如果我们能够预测命运该多好！也许多年后，这批年轻人还会想起这一天。2015年4月18日，首届开智大会举办前的那个夜晚，我与一群年轻人共进晚餐。当时，他们就像每一位有着雄心壮志的年轻人一样，不满现状，抓住一切机会去尝试。他们站在命运的长河边，如此地渴望改变。于是，我半开玩笑地说道，演示如何使用心理学知识组合的"高阶算命术"来算命吧。

餐桌上众人轰然响应。各位年轻人争先恐后地让我为他们算命。我推测一位初次见面的女孩子说，她爸脾气不好，结果她反馈，她爸的确脾气暴躁！伴随一个又一个猜测都对了，众人的热情越来越高涨。大家知道我从来都是一位强科学主义者，于是疑问也越来越大：难道，真的存在神奇的"高阶算命术"吗？

2

不不不，未来不可预判。在今天这个科技突飞猛进的黄金时代，我们每个人都很乐观，以为自己看到的未来就是未来，如果人人都能看到未来，那会如何？假设地球是一个向着遥远未来高速前进的宇宙飞船，那些看到未来的人，就如同在飞机上打开窗户的人。窗外罡风烈烈，只有极少数人能幸存。如果人人都打开窗户并且都能幸存，那么整架飞机早就百孔千疮。同样，如果在地球上人人都能看见未来，地球早就灭亡。

生活如此随机。正如本书开篇语所言，人类单独个体的命运不可控，会被那位名字叫做达尔文的"上帝"扔进随机的森林角落。而你，或在花蕊，或在花冠。你看，这就是命运！

无论花蕊还是花冠，你始终会落在那片林地角落。然而，人类总是贪心，想要更精确地知道自己会落在哪个角落，未来是否会成为那盛开的花朵。人类以思考空间的方式思考时间，例如，你常常说，回顾过去，展望未来。回顾和展望都与空间有关，你是在往后回头与向前展望。

瞻彼淇奥，绿竹猗猗；有匪君子，如切如磋，如琢如磨[1]。在那淇水之湾，竹子青翠欲滴，少男少女欢声笑语，整个世界明媚如花。既然我们能在空间中自由来去，为什么不能在时间中来去自由呢？人类总是下意识地以为，可以像占有空间一样占有时间。

从古代筮草占卜开始，先人没有放弃预测命运、回溯时间之流的努力。在现代科学范式诞生之前，这种努力被称为——算命术。

3

中国的算命术与西方的占星术大相径庭。传统算命术的五行学说更类似于一种人格类型理论，它将人格类型分成金木水火土五种。街头巷尾，祖传算命的招牌下，一些仙风道骨的大师们，蓄着长长的山羊胡子，看似很有学问，根据你的生辰八字，将你的性格归为金、木、水、火、土中的某一类，然后开始一番似是而非的谈话。在算命术中常见的描述是："你是火相木旺之人"。

然而，算命大师们的误区在于，他们将人的外在特征（如面相、骨相、手相等外貌特征以及生辰这类人口学属性）——即人格的物质或生理基础，与人格特征混为一谈。这种错误导致了传统算命术被视为玄学。

4

——哇！你学心理学的，知道我心里在想什么吗——对不起，老师还没教我们这个——好吧，那我还是去请教算命大师吧……

这种问题，任何一位心理系学生都碰到过。绝大多数心理系学生，最初对心理学好奇，都是以为能够更好地理解"人性"。但是，他们越了解心理学，就越失望。

我们必须谈到当代心理学的局限性。如果你是火星人，你会怎么研究地球人？从目前心理学发展来看，火星人会看到一颗支离破碎的心。如果火星人想了解地球人，他们需要掌握人格心理学、认知心理学、发展心理学、社会心理学等多达二三十个分支学科。

假设你是一位经常收到异性"好人卡"的年轻人，如果你希望解决这样的问题：为什么异性都觉得我好，但是总是拒绝我深入地交往呢？在他/她拒绝我之后，我偏偏还是很乐意与他/她保持友善关系。不同分支的心理学家会给你截然不同取向的回答：

» 人格心理学家关心你的个性差异；
» 发展心理学家关心你在早期与父母形成的依恋类型；
» 认知心理学更关心你的决策机制；
» ……

究竟哪个模型更具有解释力，通常难以比较。就像芒格批评的一样：

> 总体来说，学术界仍沿袭诸侯割据，容忍着心理学教授用错误的方式教授心理学；非心理学教授对能在他们学科中起重要作用的心理学效应视而不见，而专业学校，在每一届新生身

上都小心地保持着对心理学无知的传统,并对这一不足引以为豪。[2]

芒格认为,虽然心理学做过一系列巧妙而重要的实验,但它缺乏学科内的综合应用。他深信,心理学的重要性普遍被低估。然而,当前的心理学研究现状却并未达到心理学界内部人士所吹嘘的程度,实际的研究成果并不尽如人意,其核心原因在于心理学内部各自为战,严重缺乏整合。

你可能会问,有没有一套简单而科学的方法可以帮助我们更深入地理解自己与他人?

5

有,这就是"高阶算命术"。什么是"高阶算命术"呢?这是我自创的一个调侃意味的术语。当然,它也有一堆板着面孔的学术名称——人格与行为模式识别、人格判断、行为评鉴、行为预判、心理测评等。

我的朋友,中山大学心理学系的程乐华博士,喜欢使用"人格与行为模式识别"这个术语。但在我看来,理解人性怎能仅仅局限于"人格与行为"这个单一层面呢?就像芒格所言:"心理学家需要将心理学和其他学科联合论述。"[3]因此,我们不仅需要打破心理学内部的学科界限,还需要引入语言学、人类学等学科的成果。

6

马奇曾经戏言，你在人生中的三个早期决定可以解释你一生中大部分重要事件的结果，比如你是否能成为领导者、你的智力和性格天赋如何等。这三个决定就是：

» 其一，谁是你的父母；
» 其二，你的出生时间和地点；
» 其三，你的性别。[4]

这些因素也被科学家称为人口学变量，包括父母的社会经济地位（SES）、出生日期、出生地、性别等。它们联合起来，几乎可以解释多数人一半以上的行为结果。剩余的随机变异需要你用一生去努力，同时也为一代又一代的研究人性的科学家提供了研究的材料。

那么，我们如何像黑客一样逆向运用这个规律呢？答案是，在认知科学、神经科学与心理科学中，存在一些影响更大的变量，如智力、人格、动机等。我们可以更关心这些预测效力更好的变量。

传统心理学研究通常只关注单一变量对单一结果的影响。举个例子，这是一篇论文的标题：《职业韧性与工作满意度的相关性研究》。这样的论文在心理学研究中比比皆是，但它们存在几个弊端：人们记不住心理学如此之多的琐碎变量与理论模型，比如，职业韧性是什么？即使你明白职业韧性是什么，但在现实生活中，没有心理测验工具，你无法快速地判断对方的职业韧性。

因此，这样的研究对于你预测他人的行为模式没有帮助。但是，我们可以遵循严格标准，从庞大的认知科学、神经科学与心理科学研究数据库中，挑选出几个使用最广泛、实证证据最多、影响最深远的"人性模型"，再将这些"人性模型"联合起来推测一个人的行为模式，预测其未来发展。每次，至少使用三个"人性模型"；同时借助一定的第三方指标，来训练与校正自己的预判能力。

不依赖单一的模型或信息源，而是整合多个模型和信息源；不依赖自己一个人的判断（以规避自我乐观偏差），而是不断借助第三方工具或集体智慧来提高自己的预判能力。这就是"高阶算命术"。

那么，究竟有哪些"人性模型"？我们又该如何联合使用它们呢？且听下节分解。

小　结

白昼即将逝去，山峦清晰可见，河水平缓起伏，黑夜从大地升起，此时才见明月。少男少女，但愿你的旅程漫长，充满奇迹充满发现。[5]

第二节　模型：有哪些重要的"人性模型"？

1

王二出生在北京城，阳大出生在湘南小镇。命运降临，他只是像个傻小子一样站在那里，乐呵呵地笑，直到爱情踏着高跷，沿着碎石小路如履薄冰而来，他才回过神。[1]

命运中最令人不可思议的也许是爱情。某段时间，两个人，竟然从此命运彼此交错。因此，书生喜欢问前程，仕女总是求姻缘。接下来，我将以一个有趣的话题来串起若干个"人性模型"：一位女孩子如何判断男朋友是否合适？

2

哪些夫妻容易离婚？2003年，我创办了一家心理测量公司。当时花了极大力气研究这个话题，试图开发出一套先进的婚恋预测系统。我带领研究小组收集了200余个变量，进行质性访谈，并结合互联网技术，尝试发明一个21世纪的秘密武器。[2]

多年后回头看，这个研究有哪些重要启发？最重要的启发是：**门当户对才是美满婚姻的惯例，互补常常带来婚姻雷区。** 相似性在婚恋中起到的作用远远大于相异性。你出生时的三个选择——你的父母、你的出生时间和地点、你的性别，只会解释一半的随机变异，还有一些指标的相似也很重要，例如你与伴侣的智力是否相似。

一个典型的误区是，人们在婚姻中常常高估了情商的重要性，但低估了智商的重要性。高智商容易规避风险，使得你的寿命更长；同样，智力程度相当，婚姻更美满。**傻子和傻子在一起，两人都快乐；傻子和聪明人在一起，两人都不快乐。**

3

另一个重要启发是：有的变量更重要，有的变量没那么重要。举例来说，宗教信仰这个变量对于预测汉族人的婚恋关系来说，微不足道。而"自我分化"概念却更能预测婚恋关系。

什么是"自我分化"？这是心理学家默里·鲍文（Murray Bowen）提出的一个概念。在他看来，分化程度越低的人，越倾向于牺牲自我，努力取悦他人，最终还可能欺骗自己，觉得这一切都是真的；而分化程度高的人，则拥有较强的自我，有清晰的价值观与明确的信念。[3]

在预测谁会与谁结婚、谁会与谁离婚上，鲍文认为人们倾向于选择自我分化水平相当的人。当心理学家还将婚姻看作是个体的事情时，鲍文通过毕生的努力，逐步将人们的视野引向家庭整体感与个人自主性的平衡。

4

基于我早期的研究，我发现对于预测人们的行为模式和未来发展，最重要的四类变量是：认知能力、行为模式、语言模式和环境模式。认知能力，如智力与理性思维能力，存在明显的高下之分。而行为模式、语言模式和环境模式则更多涉及个人偏好，没有高下之分。从庞大的认知科学、神经科学和心理科学研究数据库中挑选出了几个使用广泛、有较多实证证据、影响深远的"人性模型"，如下表所示。

常见人性模型举例

大类	子类	代表模型
认知能力	智力	工作记忆模型
	理性思维能力	理商模型
行为模式	人格偏好	大五人格模型
	教养偏好	依恋模型
	动机偏好	自我决定论模型
语言模式	语言偏好	范畴与隐喻模型
环境模式	环境偏好	群格模型

认知能力：智力与理性思维能力。侧重于反映人们能力高低的个人差异，我将重点介绍侧重智力的"工作记忆模型"和侧重理性思维

能力的"理商模型",这两个模型都是认知心理学研究的热门话题。

行为模式: 人格偏好、教养偏好、动机偏好等。侧重于人们稳定的行为偏好,我将重点介绍侧重人格偏好的"大五人格模型",该模型源自人格心理学;侧重教养偏好的"依恋模型",源自儿童发展心理学;以及侧重动机偏好的"自我决定论模型",源自动机心理学。

语言模式: 语言偏好。侧重于人们的语言习惯,我将重点介绍"范畴与隐喻模型",该模型源自认知语言学。

环境模式: 环境偏好。侧重于人们如何理解自身与所处环境的关系,我将重点介绍"群格模型",该模型源自人类学。

5

那么,我们应该如何结合这些模型来更好地理解自己与他人呢?有哪些需要注意的地方?

首先,你可以刻意练习预判那些不容易预判的维度。 以大五人格模型为例,它包含五大维度:神经质、尽责性、宜人性、外向性、开放性。心理学家发现,人们容易识别出伴侣、应聘者的"外向性",但是难以识别出对方的"神经质"和"尽责性"。在日常交往中,识别这两个维度,就变成了一个需要刻意练习的任务。

为了更好地预判对方的"神经质"和"尽责性"这两个维度,关键在于提炼出活动场景的主次关系,然后改变规则。以面试场景为例，其难点在于求职者有防御心理，以及"尽责性"和"神经质"倾向于评价其内在行为。因此，你可以设置一个让人很难防御的任务，看求职者在这个任务下的表现。

其次，建议你每次联合使用至少三个模型，并且这些模型要来自不同类别。举个例子，大五人格模型与依恋模型都隶属于"行为模式"，两者之间存在一定相关性。如果你做预判的时候，仅仅依赖"行为模式"，就容易放大噪音，形成较大偏差。而同时采取三个模型就降低了误差。例如，在开篇我举的例子中，如何判断出一位第一次见面的女孩子的爸爸脾气不好？

» 认知能力：这位女孩子较为聪明；
» 行为模式：毕业后的关键决策做得不太好，且一直没有稳定的恋爱关系；
» 语言模式：不太懂人情世故，语言略微有点生硬。

那么，通过这些模式结合其他一些信息，可以迅速推断出她的父母的教育方式可能有问题，在进一步确认并排除妈妈的问题之后，就容易推断出问题出在爸爸身上。

最后，使用第三方的客观评价标准来进行贝叶斯改进。正如王尔德所调侃的那样，考试中傻瓜问的问题，聪明人回答不出。预判人类行为模式，我们追求的是不确定中的确定。因此，我们犯错是必然。

然而，借助各类研究进展，我们可以不断提高自己的预判能力。美国政治学家菲利浦·泰特罗克（Philip Tetlock）领导下的大型预测研究项目——善断计划（Good Judgement Project）总结的一些预判规则与预判步骤颇有启发。[4]帮助人们提高预判能力的还有一本有趣的书，那就是《信号与噪音》。[5]

上述思想的更详细阐述，感兴趣者可以留意我的"人性系统论"相关著作。

然而，无论如何，我们需要铭记十多年前我那个婚恋研究的另一个洞见：美好的婚姻不仅在于相似，更在于你与伴侣对差异的容忍。举个例子，即使这对夫妻并不相似，但是夫妻二人的心理弹性极好，都善于包容与宽容对方，那么，离婚率会大大下降。就像乔纳森·弗兰岑（Jonathan Franzen）在《自由》一书中曾言：

> 你必须按人本来的样子去接受他们，如果你想要有朋友，就必须记住：没有谁是完美的。[6]

接纳不完美的自己，接纳不完美的伴侣，这本身就是生活的一部分。

小　结

你一定要来到人间一趟，看看那夏天的太阳，和你的心上人，赤脚一起走在河边。[7]那残酷阴郁的命运，还是会有意外发生，那就是爱情。

第三节　能力：我的认知能力如何？

1

如何判断一个人的认知能力？这个人看上去挺精神，但他/她聪明吗？在美丽与聪明之间，进化也许更喜欢聪明。父母的教育程度与职业在很大程度上影响了孩子的聪明程度。那么，究竟应该如何来衡量人的聪明？

传统的智力评估已经显得过时。在本书第一章第二节中我们将智力分成神经智力、经验智力与反省智力，而在本节，我们将介绍另一个类似的模型。这就是认知科学家斯坦诺维奇提出的三重心智模型。斯坦诺维奇重新定义人类的认知能力，将其分成自主心智、算法心智与反省心智三种。[1]如下图所示：

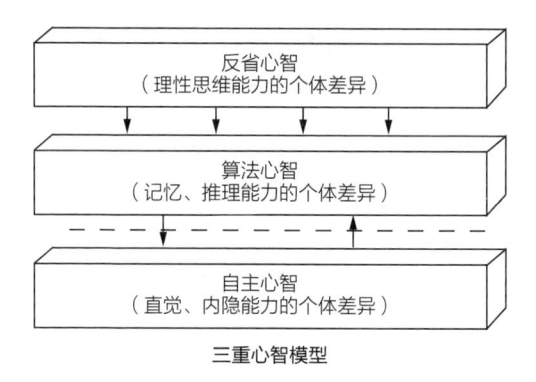

```
┌─────────────────────────────┐
│         反省心智            │
│   （理性思维能力的个体差异）│
└─────────────────────────────┘
       ↓    ↓    ↓    ↓
┌─────────────────────────────┐
│         算法心智            │
│（记忆、推理能力的个体差异） │
└─────────────────────────────┘
       - - - - ↑ - - - -
┌─────────────────────────────┐
│         自主心智            │
│（直觉、内隐能力的个体差异） │
└─────────────────────────────┘
```

三重心智模型

2

自主心智受到进化与内隐学习的影响——你看到蛇就会害怕，你学会骑自行车后不再需要思考。更多介绍可以参考本书第一章第四节直觉部分相关内容。算法心智就是传统意义上的智商，我挑选最关键的指标"工作记忆"来代表。

什么是工作记忆？可以将人类大脑想象为一个简化的输入输出装置。制约这个装置输入输出速率的正是工作记忆。它是人类所有能力，包括阅读速度、记忆、注意、执行功能的瓶颈。这个瓶颈受到人类进化早期出现的前额皮层的制约。

怎样判断一个人的工作记忆能力？如果他/她平常思维敏捷，计算较快，那通常表明其工作记忆能力出众。我们在日常生活中无法像科学家一样动用心理测量工具，因此，一个较为实用的测试方法是，一口气告诉对方N件他陌生的事情，记住，N要大于7。那些出门在外，一旦同时拿的东西多了——如钱包、手机、雨伞、购物袋等，就开始丢三落四的人，通常工作记忆能力较差。

如果想要更严谨地判断一个人的工作记忆能力，可以让对方快速阅读一篇千字文，随后询问这篇文章每个句子最后一个词是什么。回答正确的句子数量可作为衡量工作记忆能力的一个粗略指标。

3

仅有智商还不够，聪明人也会犯错，因此，我们不仅追求完成事情，还追求做好事情。这便是"理性思维能力"，可以用"理商"来简称其衡量指标。可以说，正是理性思维，才使得人区别于其他生物。

如何快速判断对方的"理商"呢？我们可以将人们的理性分为流体理性（Fluid Rationality）和晶体理性（Crystallized Rationality）两种。流体理性主要指人类大脑早期习得的认知模式，代表性任务为"认知吝啬鬼"类，即那些容易引发人脑误判的任务。晶体理性涉及后天习得且能增进理性的知识，代表性任务为"心智程序"类，即不掌握特定知识易导致误解的任务。[2]

我们先来看看"认知吝啬鬼"类任务。这是常见的三类经典测试任务。

语义错觉类任务

它是一些这样的题目：摩西在方舟上带了多少种动物？然而，熟悉圣经故事的人都知道，应是诺亚方舟，而非摩西方舟。因此，它也称之为"摩西幻觉"，其重点在于考查人们是否能清晰地区分真实知识与虚假知识。以下是一些典型题目：

» 1月31日庆祝的新年节日叫什么名字？
» 陀思妥耶夫斯基的《战争与和平》以哪场战争为主题？

» 亚里士多德著名的洞穴寓言是关于什么的？

» 米开朗基罗最著名的画作《蒙娜丽莎》在哪个博物馆展出？

认知反射类任务

例如，这样的题目："一只球棒和一只球的价格总共是1.10美元，球棒的价格比球高1美元。球的价格是多少？"许多人会本能地给出错误答案。其核心是考查人们是否能在不受直觉干扰的情况下，经过深思熟虑后作出回答。常见的认知反射类任务有三类：直觉减法操作、直觉序列操作与直觉除法操作。

直觉减法操作。这类任务会触发快速的直觉减法反应，但这种反应是错误的。以下是一些典型题目：

» 一个扬声器和一张CD的总价是210美元，扬声器比CD贵200美元。这张CD多少钱？

» 一件夹克和一条牛仔裤要70美元。这件夹克比这条牛仔裤贵40美元。这条牛仔裤多少钱？

» 一个锅和一个平底锅的总价为60美元，锅比平底锅贵24美元。这个锅多少钱？

» 一块地毯和一张咖啡桌价值170美元。地毯比咖啡桌贵70美元。咖啡桌多少钱？

直觉序列操作。这类任务会触发一个快速的直觉序列操作，但这种反应是错误的。以下是一些典型题目：

» 如果1名研究人员发表1篇论文需要1年，那么2名研究人员发表2篇论文需要多长时间？

» 如果2个清洁工打扫2个房间需要2小时，那么5个清洁工打扫5个房间需要多少时间？

» 如果2个孩子吃2盒巧克力需要2分钟，那么20个孩子吃20盒巧克力需要多少时间？

» 如果2个人看2本书需要2周，那么200个人看200本书需要多少时间？

直觉除法操作。这类任务会诱发被试产生一个快速的直觉除法操作，但这种反应是错误的。以下是一些典型题目：

» 一个人拥有1个比特币，数量每天翻倍。如果达到极限需要30天，那么达到一半的极限需要多少时间？

» 一条小溪里有鱼，其数量每周翻倍。如果填满整条小溪需要24周，填满半条小溪需要多长时间？

» 一个班级中有学生生病，患病学生数量每天翻倍。如果全班生病需要6天，半个班生病需要多长时间？

» 一个城市中爆发了一种病毒，受感染的人数每天增加一倍。如果感染整个城市的人需要60天，那么感染一半的人需要多少时间？

证伪选择类任务

它主要考察人们识别证伪假设的能力。这类任务在认知科学中,最著名的莫过于"沃森四色卡片实验"。这是一个极具挑战性的题目。能够很好地完成这项任务,意味着这个人的理性思维能力很不错。

> 我给你四张卡片,分别是 E,K,4,7。其中每张卡片的一面是字母,另一面是数字。
> 游戏规则是:如果卡片的一面是元音字母,则其另一面是偶数。
> 请问,必须翻开检查哪些卡片检验这一规则的真假?

根据经验数据,人类在上述题目中的平均正确率大约为40%-60%,即在这三类任务共17题中,平均答对题数约为6到10题。如果能达到60%以上的正确率,就表示理性思维中的流体理性能力可能不错;低于40%的正确率,则表示可能较差。

4

接下来我们再来看看心智程序类任务。"认知吝啬鬼"类任务更多与先天因素有关,但是,人类的理性思维水平也会受到后天教育的影响。学习某些学科必然提高一个人的理性思维。我将其总结为三大典型类别：概率论与统计学知识、临床医学与实验心理学知识、金融与经济学知识。

其中，较为重要的是概率论与统计学知识，我们先来看一道经典的题目。

> 王炮妹今年30岁，是一名职业女性。她在大学里担任过多项学生会职务，聪明直率，为人仗义，好打抱不平。
>
> 根据以上描述，有人对王炮妹的工作和业余爱好作出一些推断，请你猜猜，哪个推断更可能是正确的，并根据可能性的大小进行排序：
>
> （1）王炮妹是医生，平时喜欢玩扑克。
> （2）王炮妹是建筑师。
> （3）王炮妹是银行职员。
> （4）王炮妹是记者。
> （5）王炮妹是一位参与女权运动的银行职员。
> （6）王炮妹是会计，平时喜欢演奏爵士乐。[3]

当被询问王炮妹更有可能是哪一种人时，绝大多数人认为她更像选项5。虽然选项5的可能性要比选项3的可能性小得多，但人们似乎认为选项5对王炮妹的描述更为贴切，更能代表她的特征。

这就是卡尼曼提出的经典实验——"琳达问题"。在这一问题上，多数人都会回答错误，只有少数人回答正确，而这与他们的智力、学校经历、工作经历无关。即便是智商测验成绩正常、名校毕业并在知名企业工作的人，理性思维低下的情况也并不少见。理性思维似乎与智商测验成绩、学校背景、工作经历无关，然而，它可能是影响我们日常生活最深远且最被低估的因素之一。

小　结

在进化和文明的共同塑造下，人类大脑发展出了三种心智：直觉的自主心智、逻辑的算法心智和洞察的反省心智，共同构成了我们复杂的认知结构。这些认知层面使我们能迅速应对环境的变化、有效地解决问题，并进行深入的思考与自我反思。它们相互作用、相互增强，不仅促进了个体的生存与适应，还孕育了多姿多彩的人类文明。

第四节　偏好：我喜欢什么，害怕什么？

1

你说你要去远方，来到阿波罗神殿门口，斯芬克斯问道："你是谁？"我是谁？也许你会立即不由自主地使用系列词汇来描述自己。典型描述莫过于：我是狮子座的人；我是一位脾气温和的人。这两种描述分别对应了两种人格理论：人格类型说与人格特质说。

天蝎座、狮子座、属猴、属狗或金木水火土都是古代人格类型说的典型代表。当然，心理学家已经证明了星座、属相与五行对于人类行为模式的预测作用少得可以忽略不计。然而到了20世纪，许多伪心理学理论也广为流传。

人格类型学说最令人诟病之处在于，你的身边属于同一人格类型的人一定不少，但他们的个性为何却截然不同呢？当你给他人贴上某类人的标签的时候，你就放弃了更多观察他人的机会。

因此，目前主流的人格心理学研究趋势是以人格特质说取代人格类型说。如针对上面第一个例句中的"脾气温和"，心理学家就会不断追问：你究竟有多脾气温和？人类有多少个类似脾气温和这样的人格特质？最终，基于词汇统计，心理学家归纳出了人类普遍的特质，也就是人们的人格偏好。

现在，最流行的人格特质说理论是大五人格理论模型。它将人格的五个重要因素总结为：神经质、尽责性、宜人性、外向性、开放性。[1]各自含义如下表所示。

大五人格模型

人格	高分典型特征
神经质	焦虑压抑、自我冲动、脆弱紧张、忧郁悲伤
尽责性	有条有理、勤奋自律、准时细心、锲而不舍
宜人性	诚实信任、乐于助人、宽宏大量、个性直率
外向性	喜好社交、活跃健谈、乐观好玩、重情重义
开放性	刨根问底、兴趣广泛、不拘一格、开拓创新

2

旧菊花安全，旧枣花安全；地震时天空很安全，伴侣很安全。[2]接着我们聊聊你的安全感。父母教养方式的不同导致孩子与人相处安全感的不同，这源自心理学家约翰·鲍尔比（John Bowlby）和玛丽·安斯沃斯（Mary Ainsworth）在20世纪五六十年代提出的"依恋理论"（attachment theory）。他们发现，母亲不在场或者不恰当的抚养方式，都会导致儿童的依恋问题。[3]

你在婴儿时期就形成了关于关系的工作模型——你会相信他人吗？你觉得自己值得被爱吗？你爱的人会离你而去吗？这些童年时

期形成的行为偏好，同样会影响到成年后的安全感。恋爱关系中的两个人的依恋类型，也可以像你小时候与父母的关系那样，根据焦虑和回避这两大维度，心理学家辛迪·哈赞（Cindy Hazan）和菲利普（Philip Shaver）将其划分为四种类型，分别是安全型、焦虑型、回避型与恐惧型。[4]各自含义如下表所示：

依恋模型

依恋类型	特点
安全型	焦虑低，回避低。信任恋人，积极维护亲密关系，乐观解决冲突。
焦虑型	焦虑高，回避低。依赖恋人，过度控制，对关系的稳定性感到焦虑。
回避型	焦虑低，回避高。回避亲密接触和情感投入，逃避冲突。
恐惧型	焦虑高，回避高。渴望亲密却害怕亲密，对恋爱持有悲观态度，避免处理问题。

测试伴侣的依恋类型可以尝试通过肢体接触，例如，你可以偷偷拍他一下，观察他的反应，或者看他在与他人亲近时是否感到自在。

3

如果把动机比作驱动人类行为的食物，那么这些"食物"又可以分为哪些种类呢？依据自我决定论，我们可以将人们的动机偏好分为内在动机、外在动机、无动机三种。所谓内在动机，主要是出于活动者本人的需要。说白了，不给你钱，你也很喜欢去干这事。

而你从事需要给你钱的事情，其动机就属于外在动机。[5]

有一个残酷的事实：我们所生活的地球，是由少数经常自我决定、内在动机很强的人驱动着大多数人。保罗·格雷厄姆曾说，在美国，唯一强迫人的方式是征兵，但我们已经三十多年没有这么做过了，而是一直利用名利来吸引人工作。[6]

因此，外在动机慢慢地演变出多种形式，越来越隐蔽，甚至让你误以为它是你自己的兴趣与选择。具体而言，外在动机包括以下四种：外部调节、内摄调节、认同调节、整合调节。[7]如下图所示：

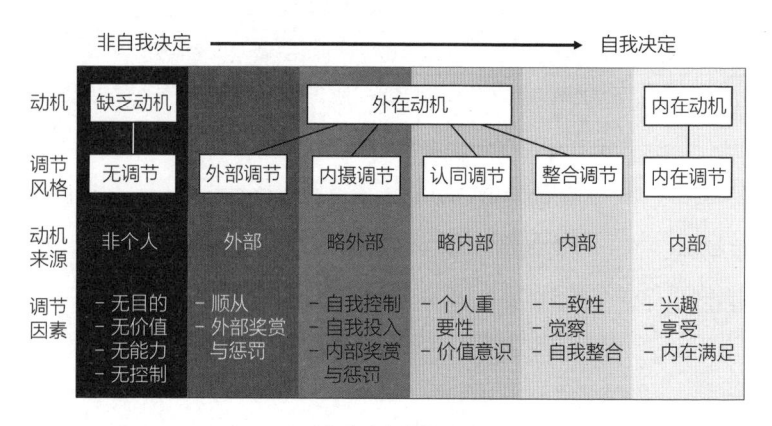

	非自我决定 ──────────────→ 自我决定					
动机	缺乏动机	外在动机				内在动机
调节风格	无调节	外部调节	内摄调节	认同调节	整合调节	内在调节
动机来源	非个人	外部	略外部	略内部	内部	内部
调节因素	- 无目的 - 无价值 - 无能力 - 无控制	- 顺从 - 外部奖赏与惩罚	- 自我控制 - 自我投入 - 内部奖赏与惩罚	- 个人重要性 - 价值意识	- 一致性 - 觉察 - 自我整合	- 兴趣 - 享受 - 内在满足

自我决定论模型

最左边的"缺乏动机"很好理解，即类似于机器人，有些人因为特殊原因会表现得近似于机器人。最右边的"内在动机"也容易理解，即依靠兴趣、内在满足而活的人。较难理解的是介于两者之间的"外在动机"。受外在动机控制的有四类人。

第一类人属于**外部调节**。这类人的日常活动受到外部奖赏和惩罚的影响较大。常常因为多拿点钱多有点名，就多干点。钱不多，名没有，那么就少干点。

第二类人属于**内摄调节**。这类人吸取了很多外在规则，但并没有完全接纳，而是将其整合成自我的一部分。这类人经常体验到因外在规则与内在自我不匹配而导致的冲突。内摄调节是社会上多数人的生活常态。多数时候，人们奔着名利做事，偶尔兴趣来了，内心就会产生冲突。比如有人常常在纠结，究竟是为钱工作还是为兴趣工作。

第三类人属于**认同调节**。这类人因为某个规则或价值观能够给自己带来好处而接纳它。相对第二类人来说，第三类人更少体验到冲突，自我决定成分较高。比如有的人喜欢为流量而工作。他并没有意识到这种做法有什么不好。这类人依然不是为内在兴趣或自我满足而活，只是因为流量能给自己带来更多收益，因此将这个价值观作为自我的一部分。

第四类人属于**整合调节**，这种调节相对于前三种来说最为隐蔽。如果说外部调节是奔着名利做事，内摄调节偶尔会产生内心冲突，认同调节的人是精致的利己主义者，很少感到内心冲突，那么整合调节的人则是欺骗自己的成功政治家。这类人已经将外在动机完全整合到自我中。虽然他们的自我决定成分高，但其行为依然是指向那些与兴趣、热情等内在动机分离的外在动机。比如，有些人并不喜欢某事，但因为某事带来了足够多的名与利，因此引以为豪，甚至津津乐道。

4

继续讨论语言模式。语言是生活的映射。身体不是认知的外在，而是认知本身；语言不是思想的外衣，而是思想本身。了解一个人的语言习惯，一个重要的模型是"范畴与隐喻模型"。[8]你可以观察他经常使用的是基本层次范畴、上位层次范畴还是下位层次范畴。

在各种语言中，词汇表达的意义也展现出一种层级关系，包括上位范畴、基本范畴和下位范畴。[9]以"动物—猫—波斯猫"和"家具—椅子—扶手椅"这样的层级关系为例，"猫"和"椅子"属于基本层次范畴，而"动物"和"家具"属于上位层次范畴，"波斯猫"和"扶手椅"则属于下位层次范畴。人们在日常语言中使用最多的是"基本层次范畴"。

正如人的生命一般，有些隐喻消逝，有些隐喻诞生。陈词滥调便是已经消逝的隐喻，而新的隐喻则在不断诞生。有趣的人擅长创造新颖的隐喻。人们普遍采用"时间就是金钱"的隐喻来度过一生，因此，你的一生始终在节省时间、花费时间和浪费时间中度过。然而，王尔德的一生却是反其道而行之：

时间是金钱的一种浪费。[10]

在王维那里，时间则消失成空：

返景入深林，复照青苔上。[11]

5

理解个人命运，常往历史中去寻、往时代中去找。是顺势而为还是随波逐流？无论是认知能力还是行为模式与语言模式，都强调了解和预判对方的行为模式。然而，人是社会性动物。因此，你还需要了解自己或他人是否处在一个与各自的认知能力、行为模式和语言模式相匹配的环境中。这就是人类学家玛丽·道格拉斯（Mary Douglas）提出的群格模型。

道格拉斯以个人的角色规范（grid，称为"格"）和群体的约束力量（group，称为"群"）作为两个维度，将各种社会中的个人分为四种类型：群强格强，群强格弱，群弱格强，群弱格弱。[12]什么是"群"？就是那些有明显社会界限的群体，如各类组织、国家或民族。什么是"格"？就是个人与他人交往的准则，如角色、类别、范畴。

该理论最早发源于道格拉斯对各种文化种群的观察。在道格拉斯眼里，中国人是一个群最强，格也最强的种群；位于苏丹南部和埃塞俄比亚西部的部落联盟努尔人则处于中间位置；位于尼罗河流域，没有中央集权领袖，由分散部落构成的丁卡人，群与格都极为薄弱。

人类学家李亦园在其1997年出版的著作《宗教与神话》中的

《社会变迁与宗教皈依》一文中，借鉴了道格拉斯的群格理论，分析20世纪中国某地区在社会变迁时期的心理变化及其信仰追寻。如下图所示。[13]

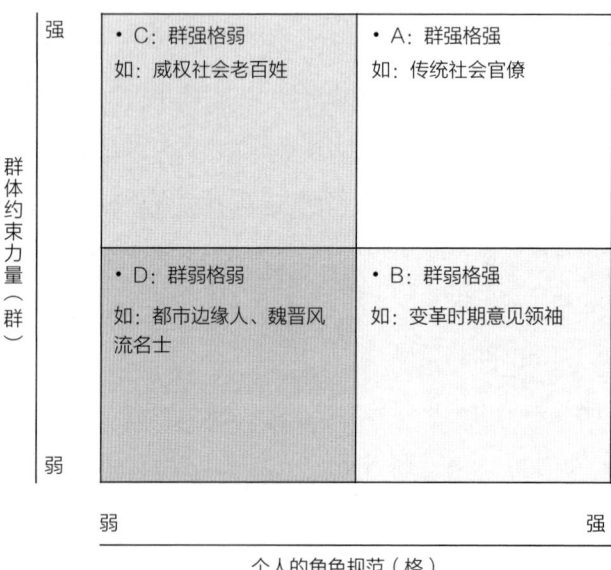

	弱 —— 个人的角色规范（格）—— 强
强（群体约束力量）	• C: 群强格弱 如：威权社会老百姓 | • A: 群强格强 如：传统社会官僚
弱	• D: 群弱格弱 如：都市边缘人、魏晋风流名士 | • B: 群弱格强 如：变革时期意见领袖

群格模型

根据群与格的理论，可以将群体划分为A、B、C、D四个象限。在A、B、C、D这四类象限的文化中，你应该选择什么样的发展路径呢？在群弱格弱的魏晋时代，若你选择发展个人能力的路径，能获得多大的幸福感或人生自由度？身处群弱格强的企业中，若你努力发展人际关系，能获得多大的提升？

当你开始思考这些问题时，会隐约发现，即便是在群格的对抗中，不同时代的不同个体，即使认知能力、行为模式和语言模式大致相同，也可能获得截然不同的发展。

小　结

南山嵬嵬，松柏离离，吹落繁星的清风。命运降临，快乐不快乐，你我只是说着。[14]

第六章

人际：贵人、信任与助人
如何建立人脉，理性助人？

第一节　人际网络的结构

1

繁星点点，写满了天空。天上星河转，你在人间说着做着老着病着快乐着悲伤着。如果说一切都是天意一切都是命运，那么你的人生故事离不开那些令人又爱又恨的人际关系。人际关系，就是你与他人之间的相互作用和联系，它包罗万象，不仅有亲情、友情、爱情，还有工作中的种种关系。那么，你该如何理解并处理工作中的人际关系呢？

我的学术兴趣广泛，其中始终不变的一项是社会网络分析。自2000年起，我投身于社会网络分析的研究，发表了多篇论文，并翻译了相关著作。而人际网络正是社会网络分析领域的热点话题，我在该领域发表的论文多数也集中在此。人际网络是什么呢？社会网络分析将社会互动视为由节点（node）和关系（tie）组成的网络（network）。节点代表网络中的独立行动者（actor），而关系则用来表示行动者之间的联系。[1]

行动者可以是个体、组织甚至国家；同样，关系也可以是人际关系、组织关系甚至国家关系。它们分别对应着人际网络、组织网络和国家网络。人际网络就是由人与人构成的一类社会网络，在人际网络中，每一个人都是一个节点，而人与人之间的互动构成了节点间的关系。

2

通过我当年的研究，我学到最重要的一课是：理解人际关系，必须采取网络视角。那么，什么是网络视角？它是一种超越传统个体属性视角的新视角。在社会网络分析中，有一个广为人知的案例：传统政治学家通常会根据国家的经济发展水平，把世界划分为发达国家、发展中国家和欠发达国家。这样的分类依据国家的内在属性，如GDP，但这种分类未能揭示国与国之间的相互作用。[2]

然而，采用社会网络分析视角的政治学家认为，世界是由边缘国家、中心国家和次中心国家构成的复杂网络体系。这种视角已经内含了国与国之间的相互联系。

网络视角让你意识到，个人的职业发展不仅仅由个人属性如性别、学历或职业决定，更多地受到你在人际网络中的位置及与他人的连接方式影响。举个例子，一个公司里的关键人物，他或许不是领导层成员，但作为公司人际网络中的关键节点，他的影响力可能远超过他的官方职位。通过人际网络，他可以获得信息，影响决策，甚至促进合作。

从某种意义上说，人际网络的结构制约了你的职业发展。那么，你应该如何理解工作中的人际网络呢？如果从人际网络的定义出发，你可以从节点层和关系层来分析。

这两个层面分别对应社会网络分析的两大传统派别：整体网络分析和自我网络分析。整体网络分析关注的是网络的宏观结构，即众多节点中哪些更为重要，其核心概念是"中心性"。自我网络分析则专注于个别节点，探究该节点的行为如何受到不同关系的影响，其核心概念是"关系强度"。

3

描述人际网络，有不同的层面。我们先来看看节点层。当你在理解人际网络时，你首先会问：在人际网络中谁是更重要的人？或者谁拥有更大的权力？在社会网络分析中，这些更重要的人、拥有更大的权力的人被称为具有高"中心性"的人，常用的中心性指标有四类：程度中心性、亲近中心性、居间中心性、特征向量中心性。它们的含义如下。

程度中心性高者： 谁是明星？谁是边缘者？程度中心性回答这类问题。以微博为例，程度中心性就是粉丝数量，那些程度中心性高的人就是微博中的明星。

亲近中心性高者： 亲近中心性通过点与其他点的距离来测量。例如公司中的消息传递者，他们在社交网络中经常与人互动、人际关系颇佳，通常亲近中心性得分较高。

居间中心性高者： 节点的居间程度，表示一个网络中经过该点最短路径的数量。节点居间程度越大，它在节点间信息传播的作用就越大。在两个社会网络之间的人，也就是跨界者，通常拥有较高的居间中心性。

如下图中的D点所示，它是具有高"居间中心性"的节点，一方面承受了来自网络两端的压力，另一方面也可以利用网络两端信息与资源的不对称来获利。

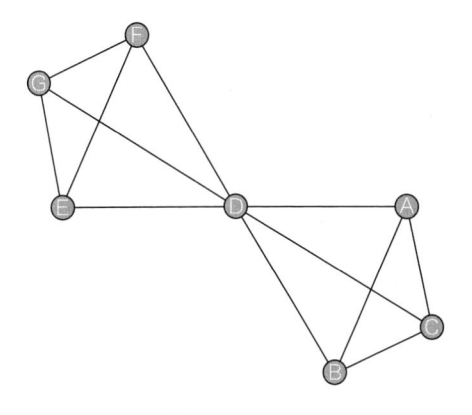

居间中心性高的人示例

特征向量中心性高者： 那些在社交网络中沉默却拥有极大权力的人物，如《教父》中的主人翁柯里昂，特征向量中心性就是找出他们的方法。[3]一个有着高特征向量中心性的行动者，与他建立连接的很多行动者通常也被其他很多行动者所连接。在社交网络中，有这样一种人，很多明星与其做朋友，即使他沉默不语，也可能是一位重要的人物。

4

接下来，看看人际网络的关系层。你的人际网络中既存在强关系也存在弱关系。那么，如何测量关系强度呢？答案是互动频率、感情力量、亲密程度和互惠交换。那些互动频繁、相互认可、较为亲密并且经常互惠的人际关系，就是强联系。反之则是弱联系。

以前，人们只意识到强联系对职业发展的重要性，直到美国社会学家马克·格拉诺维特（Mark Granovetter）揭示了弱联系的意义。在20世纪60年代末，他研究了麻省牛顿镇居民找工作的方式，发现那些不经常联系的人际关系反而最为关键。因此，他在1973年发表的论文中提出了弱联系概念——相对于那些经常联系的亲朋好友，你在咖啡厅邂逅的人，或者通过电台偶尔听闻的人，就是弱联系。[4]

格拉诺维特的研究表明，弱联系在社会网络中起着桥梁作用，尤其在寻找工作等关键事项上。相较于日常生活中的强联系，弱联系在数量上更多，成本更低，传播速度更快，能够为你提供强联系不能提供的独特资源和信息。弱联系作为桥梁连接不同的社交圈子，促进了新信息和资源的流动。

那么，在互联网时代，弱联系是否仍发挥作用？ 2022年，研究者卡提克·拉杰库马尔（Karthik Rajkumar）等人使用领英进行实验，评估强联系和弱联系对职业变动的影响。结果显示，弱联系确实帮助用户找到更好的工作，但需要注意的是，弱联系在帮助找工作方面的效果会随时间减弱，中等程度和最低程度的弱联系最能促进职业流动，而最高程度的弱联系并没有帮助。弱联系的效果因行业而异，在高科技行业的作用明显，而在低技术行业的效果则较弱。[5]另一个研究发现，失业后，在Facebook上与强联系交流可能增加压力，但有助于快速找到工作；而弱联系则没有这些效果。[6]

这些研究表明，一个完整的人际网络中，无论是强联系还是弱联系，都有其独特的作用，而人们往往忽视的是弱联系。

5

按照英国进化心理学家邓巴的研究，从远古狩猎采集时代到现代，你的人际网络始终由一系列层层包含的圈子构成，每个层次的人数大约是它相邻内部层次的三倍。你可以按照亲疏远近，将这些圈子分为：

» 核心圈：通常包括最亲密的5个人，比如家人和最好的朋友。
» 密友圈：扩展到约15个人，包含核心圈，通常是比较亲密的好友。
» 好友圈：进一步扩展到约50个人，联系不如亲密朋友圈紧密，但仍是较好的朋友。
» 朋友圈：包含约150个人，这个数字称为邓巴数，被认为是你能维持稳定社交关系的上限，包括所有较稳定的社会联系。
» 熟人圈：扩展到约500个人，这些人你可能不会经常联系，但你们之间有一定的社交基础，可以在需要时进行互动。
» 泛交圈：扩展到大约1500个人，脸熟但叫不出名字的人，这些关系是你社交网络中最外围的一部分，通常包括你偶尔遇见但不经常互动的人，如远房亲戚、曾经的同学或者偶尔参加同一社交活动的人。[7]

如下图所示：

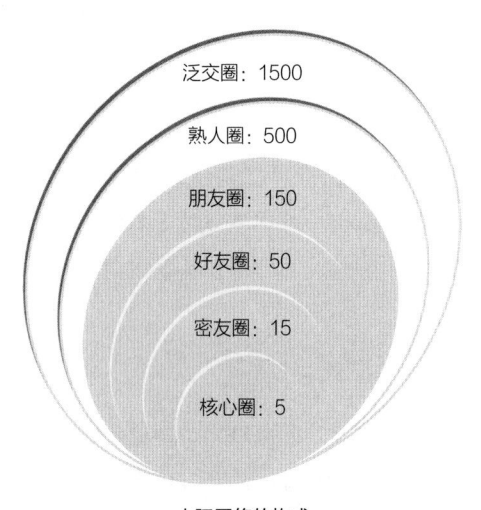

泛交圈：1500
熟人圈：500
朋友圈：150
好友圈：50
密友圈：15
核心圈：5

人际网络的构成

其中，核心圈、密友圈、好友圈是你的强联系圈；泛交圈是你的弱联系圈；而朋友圈、熟人圈介于强联系与弱联系之间，其中一些人曾经是强联系，后来变为弱联系；另一些人虽然现在是弱联系，但未来可能会变为强联系。

在处理工作中的人际关系时，人们可能会走向两个极端：一是过分重视，频繁社交，四处奔波；二是忽视人际关系，只专注于个人工作。更理想的做法是对人际关系进行分层，注重质量而非数量。

并非所有人际关系都对你有益，你可以考虑放弃那些无益甚至有害的联系，转而去寻找和培养真诚的人际关系。真诚的关系通常少有套话、废话与假话。套话、废话、假话，都是生活的赝品。如果一个人的人际往来都是由虚假的而非真诚的人际关系构成，那么最终这个人的人生可能也会成为一个赝品。

从人际关系的质量而非数量出发，你需要格外重视人际网络中的三个要素：贵人、信任与助人。在职业生涯的不同时期，你都需要贵人的帮助，早期贵人通常来自于强联系圈。随着人际网络的拓展，更多的贵人将来自弱联系圈。而维系与贵人的关系，你需要与人建立深层次的信任，我将它称之为"无条件的信任"。当你拥有足够资源时，你也可以开始帮助他人，成为别人心目中的贵人。这是我们接下来要探讨的三大主题：贵人、信任与助人。

小　结

命，几分注定；运，几分随意。在年轻时，遇见贵人，并与他们建立信任；伴随年岁增长，成为别人的贵人，也许从此那些曾经的穷小子和灰姑娘，会有更多的好运气。

尘世间，风起风灭，一扇漆黑的木门，矗立在草原上。你直直地走向它。后来你才知道，那扇门，它就是命运。

第二节　贵人：遇见真贵人

1

穷人才喜欢谈命运。所谓坏运气，就是你总是遇到倒霉事；所谓好运气，就是你经常会有出乎意料的收获。穷小子灰姑娘改变命运，恭喜你！从此你突破了出身阶层的束缚。那么，究竟如何改变命运呢？不不不，不要假设你能改变命运。**命运总是随机的，偶然的**。永远！永远！永远！不要假设你可以操控命运。当你被命运撞了一下腰，你要做的事情是，找人轻轻地扶你一把。而这个人，就叫作：贵人。

说说我碰到的第一位贵人——我的外公。外婆80岁大寿期间，四代环绕，一堂欢笑。而我身为长孙，却人在异乡。家人体贴地发来现场照片，不经意间注意到，外婆与众人合影的背后是外公遗照。那一刻，思念汹涌而来，哀念外公这位爱书人。

在我成长的环境中，遇到的长辈们大多不爱读书。在很长一段时间，甚至高考前夕，我都在恐惧，自己是否会像长辈们一样，过上那种按部就班的小镇工人或农民的生活。在家乡那样落后而美丽的湘南小镇生活，那是一种窒息的美。

幸好，还有外公。年轻时他是走南闯北的艄公，之后返乡种田，却意外地喜欢读书。我自幼被外公隔代抚养，受老人影响，不期然养成读书习惯，算是侥幸躲过一位小镇青年命中注定的阶层劫数。长大后，爱书成痴，年复一年，日积月累，渐渐藏书数万。累了倦了，我就用书垒一张床，一堆好书。睡醒了看，看累了睡，快哉！

2

对我影响最大的第二位贵人是我初中时的班主任刘老师。那时，我是一个孤僻的青春期少年。刘老师刚刚从乡下调到这所新成立的小镇中学任教，而我成了她教导的第一批学生之一。正是因为刘老师的爱心和责任心，她培养出了一批优秀的学生，让我再次逃过了一个少年的青春期劫数。

多年后，当我把自己的著作《聪明的阅读者》送给刘老师时，她在收到书后颇有感触，给我发来了一些感慨。

> 看到你的新书，我感到非常高兴。但同时，我也感到了自责和抱歉。回想起你读初中的日子，你有自己独特的学习方法，喜欢阅读厚重的书籍，大量阅读课外书。
>
> 作为老师，我们本应鼓励和支持你。因为你头脑聪明，学习能力强，老师讲解的内容你总是能迅速理解。一般学生需要

一节课的内容，你十分钟就能掌握，剩下的时间你就低头看自己的课外书，而这总是被周围的同学告发——你上课时看课外书。但每次考试你的成绩都在前列。我们老师，尤其是我，没能正确对待这个问题，还总说拿你没办法，你的成绩好，但就是上课时不太配合老师。

不知道你是否还记得，我们不仅没有支持你保持这么好的阅读习惯和积累大量的课外知识，反而总是没收你的课外书，限制了你的阅读能力，这全是我们老师的不足。我真的要郑重地向你道歉。现在，我也在告诉我的晚辈和亲朋好友，无论是作为老师还是家长，我们都应该大力支持和培养孩子们的阅读习惯，鼓励他们多读课外书，这对孩子们的成长极为有益。

这就是一位真正的好老师。三十多年后，她仍对当年的小事充满自责和反思。我从屏幕这头，看到的是满满的师者之心。如果没有数学奥赛的获奖，那么就没有我之后的一连串人生发展。在资源有限的情况下，刘老师督促我将精力集中在数学和学业上，这自然是一位好老师的责任心。那时候，我真的有条件无拘无束地阅读吗？其实并没有。三十年后回望，我从小不错的数学训练，反而让我后来的事业发展如鱼得水。

只有当我们具备了某些基本的生存条件，才谈得上肆意阅读。这是刘老师完全没有必要自责的地方。但对于那些原本有着不错起点的家庭来说，是不是在孩子原本可以自由阅读、养成阅读习惯时，我们却在阻止他们？这也许是值得每位家长深思的一个话题。

3

你看，无论是阶层劫数还是青春期劫数，总是有贵人在适当时候扶你一把。所谓贵人，是那些即便在多年后你仍心存感激的人。

贵人有大小之分，也有真假之别。当你急需上厕所时，递给你手纸的那位隔壁老王也算是你的贵人。但随着你年龄的增长，真正能在你生命中持续产生影响的人却寥寥无几。在年轻的时候，你可能会遇到真贵人却浑然不觉。那么，什么样的人才是你的真贵人呢？

你可以运用第五章中提到的相关知识来辨别谁是你的真贵人。贵人可能在认知能力上远超常人，像爱因斯坦等诺贝尔奖得主，对全人类来说都是贵人。贵人也可能是那些能与你在行为模式上产生共鸣的人，他们激发你的内在动机（自我决定论模型）、增强你的安全感（依恋模型），或使你变得更放松、更开放（大五人格模型）。在语言模式上，真贵人往往不借助战争隐喻，不会认为向他人传授知识会让自己有所损失；相反，他们更倾向于使用成长隐喻，欣赏他人，并乐见你的成长。在环境模式上，贵人则顺应环境，而不是逆流而动。

真贵人通常会满足这些标准。当然，同时满足所有这些标准的人被称为大贵人。那些让你越来越受到金钱、名声等外在动机束缚的人，并非真贵人，而是假贵人。正如我的一位学生所说：

> 在生命的某个阶段改变你思维方式的人都是贵人，他们帮助你升级认知。贵人引导你远离功利，走近爱与智慧。

一个判断对方是否是真贵人的简单标准,就是他在你当前的人生发展阶段,必须在某些方面远远超过你,或是认知领先于你,或是人脉有助于你,或是资金多于你。曾经的贵人,未来可能不再是你的贵人。有些人十年前和十年后仍旧停滞不前,这样的人很难长期成为你的真贵人。时代变革时常静悄悄地发生,不要被时代欺,也不要自欺,而假贵人常常帮助你欺骗自己。

那么,如何才能好运地遇见真贵人?依然可以从人际网络的节点层与关系层两方面来探讨这个问题。

4

在你的人际网络中,你会遇到一些极为重要且权力较大的人物,这些人在你的社交圈中占据"中心性"高的位置。按照第一节的分类,他们可以被分为四种类型:程度中心性高者、亲近中心性高者、居间中心性高者、特征向量中心性高者。因此,你可以将你的贵人分为四类:明星贵人、枢纽贵人、桥梁贵人和智囊贵人。虽然有些贵人可能兼具这四种特质,但大多数人可能只有一两种。

明星贵人:你要寻找那些在你所在领域内知名度高的人。他们是领域的焦点和明星,有许多粉丝,受到广泛的关注。他们的广泛影响力可以给你带来认可和曝光机会。

枢纽贵人:你要找到那些在你的领域内充当社交节点的人。他们可能是公司内人缘好的同事、校友会负责人或是各种聚会和行业大会的组织者。他们是人际网络中的枢纽，善于组织活动和连接人脉。他们的位置让他们能够有效地将不同群体和个体联系起来，作为社交活动的组织者和卓越的沟通者，他们可以帮助你建立广泛的人际关系。

桥梁贵人： 你要尝试认识那些跨界人士。他们可能有着多重身份，兼任不同领域的职务，比如同时是科学家和艺术家。例如，英国生物学家德斯蒙德·莫里斯（Desmond Morris）同时还是超现实主义流派的重要画家。他们在不同的社交圈子或领域之间架起了桥梁，使得本不太可能交集的人或信息能够互通有无。这样的贵人通常具有多元化的身份和广泛的影响力。

智囊贵人： 你要努力认识那些名人背后的幕后英雄。他们可能相对低调，但是众多知名人士都会向他们求助。他们可能不像明星贵人那样广为人知，但他们在幕后拥有强大的影响力，是成功人士背后的智囊团。他们的建议和支持对你的职业发展至关重要。

一个常见的误区是，你可能只关注那些如同明星般耀眼、充满魅力的贵人，而忽略了其他类型的贵人。明星贵人因为社交活动繁多、人脉广泛，他们能够在你身上投入的资源和时间可能相对有限。你可能认识某个明星贵人，但他可能并不认识你。在你眼中他是朋友，但在他眼中你可能只是一位泛泛之交。

因此，你不妨更多地关注枢纽贵人、桥梁贵人和智囊贵人。对于枢纽贵人，你可以通过参与他们组织的活动来建立联系，比如主动担任活动的志愿者，或在活动中负责签到、摄影和维护秩序，甚至在活动结束后帮助整理会议记录或撰写新闻稿。对于桥梁贵人，你应该尝试理解他们在不同领域的成就，而不仅仅是他们在一个领域的贡献，以此来用更多元化的视角认识他们。而对于智囊贵人，他们虽然低调，但与众多重要人物有联系，并对自身才华颇为自信，因此，你可以从这些方面找到接近他们的机会。

5

你的贵人不仅可能是身边的师长和朋友，更可能来自于弱联系。这意味着，他们通常不在你日常交往的核心圈、密友圈、好友圈里，而是更多出现在你的朋友圈、熟人圈、泛交圈中。你该如何更好地建立弱联系，并让这些弱联系中的朋友成为能够助力你事业发展的贵人呢？如果你将格兰诺维特的弱联系理论应用到自己的人际交往中，你就会发现建立人际网络的三个关键原则。

» 异我原则：在构建人际网络时，你应该避免只围绕与你性格、生活环境过于相似的人，比如仅限于老乡、校友等；

» 异质原则：在构建人际网络时，你还应该避免只接近生活在同一个圈子里的人，比如仅限于同事等；

» 共同活动原则：在构建人际网络时，你应当尽可能与那些能和你一起参与共同活动的人建立联系，比如加入某些志愿者组织或参与举办的活动。[1]

"异我原则"和"异质原则"主要提醒你应该避免只与某些人交往，减少了贵人出现的概率。很多时候，你可能没有意识到，强联系所提供的信息会越来越趋同，也越来越少。埃米尼亚·伊瓦拉（Herminia Ibarra）的研究发现，人们职业生涯转型失败的一个原因，正是因为他们经常向身边的人寻求建议。传统观念认为，当你计划职业生涯转型时，你应该向那些最了解你的人和那些了解市场的人请教。然而，当你试图重塑自己的新职业身份时，最了解你的人往往是最可能阻碍你的人，而不是帮助你的人。[2]你的家人或朋友虽然想要支持你，但往往不知不觉中，他们却在努力维护你想要摆脱的旧身份。在这种情况下，你身边的人不再是你的贵人，反而可能成了你的阻力。

而"共同活动原则"则强调，你应该优先与能共同参与活动的人建立联系，提高贵人出现的概率。说说我的一个意外之喜吧。在2014年11月的一个周末晚上，我创建了开智书友会，并邀请了许多朋友加入。提倡"主题学习，阅读经典原著"。以书为切入单位，是个好做法，因为读书符合"共同活动原则"。水平极高的人与水平极差的人，都能从共读一本好书中受益。反之，有的社群，采取的是主题讨论，但水平高的人，会觉得这个话题太无聊了，而书不一样。好书会不断提升社群的文化资本。

为了抵达世界知识边缘，寻找最聪明的人，将他们放到一个房间内讨论，会发生什么？我创办开智书友会的前三个月，通过主题演讲以及沉浸式讨论，初步交出了这份答卷。14次世界一流专家的主题演讲，以及每天自由生发、不断激荡的跨界讨论。最终诞生了一本基于微信群聊天记录的图书——《追时间的人》。[3]

你看，聚集了一群有趣的人，惊喜就会自然涌现，好运伴随而来。在一屋子聪明人中，最聪明的是什么呢？不是那些聪明人，而是那个屋子，因为它提供了一个容纳智者和孕育智慧的环境。同样，年轻人想脱单，我通常会建议他们学习"共同活动原则"，不仅要参与一些有趣的社群或活动，更要成为优秀社群和有趣活动的组织者。

小　结

月色朦胧，星光微暗，乌鹊南飞，门外清流叠嶂，星星沉默不语。在命运面前，你我都是文盲。[4]

第三节　信任：建立无条件的信任

1

思想可以触及语言，却不一定能触及心灵。太阳日复一日升起，贵人究竟在哪里？你找啊找，贵人就在你的身边。奇怪的是，人们常常遇见贵人而不自知。正如保罗·格雷厄姆所说：

> 许多年轻的创始人经常犯的一个错误是：对他人的判断，信任得不够。[1]

人们往往对自己过于自信，而对他人的信任却显得吝啬。当你初入职场时，如果能信任你的导师，并默默付出，这种信任往往能为你带来意想不到的好运。以我曾经的一位同事为例，当公司刚起步时，他是第一个加入的实习生。他在我的指导下实习，听从我的安排，甚至有时会"盲目"地执行任务。几年后，他回头看看自己的成长，发现自己的进步远远超过其他同事，无论是视野、人脉还是能力。

在人们的职业生涯早期，许多新人会出现两种极端情况：要么对一切持抵触态度，不信任任何人；要么过分信任他人，而且常在这两种极端之间摇摆不定。那些从不信任他人的人，一旦遇到稍微对他们好一点的人，就可能立刻全心全意地信任对方。而那些被利用后还帮着数钱的故事，也是屡见不鲜。

如果你在职业生涯的早期总是怀疑一切，这种习惯可能会伴随你的一生。但是，人生需要冒险。正如王尔德所说：生活的第一要务是尽可能地做人；至于第二要务是什么，还没有人发现呢。[2]你需要打破常规，去结识一些有趣的人，做一些有趣的事情。找到这种冒险的平衡点，就意味着你需要对一两位真正的导师和朋友展现无条件的信任。

所谓真贵人，是那些能够帮助你推进职业生涯的人。打破"遇见贵人而不自知"的诅咒，抓住命运给予的机遇，你需要以学徒的心态，与那些真贵人建立一对一的深层次信任关系。记住这三个关键词：无条件、偏见与平衡。

2

先来探讨第一个关键词：**无条件**。有条件的信任意味着我先"理解你"、"看到你做出某些事"或者"同意你的观点"，我才会"答应"、"接受"、"批准"或"支持"你。比如，你可能会遇到这样的情况：别人说"你帮我做完这件事后，我才会信任你，听从你的建议，接受你的观点，支持你的行动。"

然而，无条件的信任与此完全不同。它是基于对你这个人的信任，而不是你做的具体事情。即使你做的事情我不懂，也不理解，我还是会信任你。因为我信任你，所以无论你"喜欢""欣赏""对…好奇""强调"或者"从事"什么，我也会受你的影响。

在心理学家眼中，信任不过是一个概率函数。信任会受到很多条件的限制，包括你对风险的认知、你所拥有的信息量、你的人格特点等。心理学家将信任分为两类：一类是基于行为的信任，即因为你做了某些事情而信任你，这是大多数人都能达到的信任水平；另一类是基于人的信任，无论对方做了什么，你都信任他/她，这是一个更高的信任层次，而无条件的信任正是对人的信任。

那么，为什么无条件的信任如此重要呢？因为在你职业生涯的早期阶段，很多知识并不是外显的，它们隐藏在你与导师和同事的互动中。如果你只与人建立有条件的信任，那么你就无法体验到那些深层次的知识。一个好的导师不可能把所有知识都写下来，而是通过言传身教来传授。如果你只信任对你有利的事情，而不信任那些看起来对你不利的；如果你只信任那些容易实现的事情，而不信任那些难以实现的事情；如果你只信任那些能带来短期利益的事情，而不信任那些可能带来长期收益的事情，那么你很难达到职业生涯的高峰。

以我为例，如果我在培养一个学徒，我可能掌握的200个知识点中，有100个我能够清晰地表达，并且确信它们对学徒有好处，学徒也能接受。但是，还有另外100个知识点，我可能难以清晰表达它们的好处，它们更多是基于品味和直觉。如果学徒与我之间没有建立起无条件的信任，那么他可能就会错过这100个更为重要的知识点。

3

现在，让我们来谈谈第二个关键词：**偏见**。在你的职业生涯早期，信任一个导师通常不是一件难事。真正的挑战在于，这个导师可能持有很多偏见，这些偏见对你来说可能难以接受，因为它们与你以往的知识结构冲突太大，你怎么可能毫无保留地接受它们？

以情绪科学研究为例。在这个领域，存在两个相互竞争的学派：以保罗·艾克曼（Paul Ekman）为代表的基本情绪学派和以莉莎·费德曼·巴瑞特（Lisa Feldman Barrett）为代表的情绪建构学派。基本情绪学派深受达尔文的影响，认为脑干负责产生恐惧，而皮层负责调节脑干产生的情绪，人类有愤怒、恐惧、厌恶、惊讶、喜悦、悲伤等6种基本情绪。这些核心观点已经写入教科书，甚至通过美剧《别对我撒谎》为人所知。

但巴瑞特教授却告诉你，这些观点全都是错误的。她在《情绪》一书中主张，情绪不是进化而来的，而是大脑构建出的体验。就像一位厨师不断地将各种原料，比如触觉、嗅觉的感觉输入，与大脑中已有的知识混合在一起，最终形成情绪概念。

当你阅读不同学派的教科书时，你会发现，两个学派的教科书并不会大肆宣扬对方的观点。艾克曼的学生达契尔·克特纳（Dacher

Keltner）编写的《理解情绪》并没有给情绪建构学派留下太多笔墨，巴瑞特的《情绪手册》也没有给基本情绪学派留下太多篇幅。

这样的情况在科学研究史上屡见不鲜。如果你是一名刚刚开始研究情绪的博士生，你该如何选择？面对这种选择时，许多人陷入了一个误区：批判性地接受自己导师的观点。也就是说，他们既不完全接受艾克曼的偏见，也不完全接受巴瑞特的偏见，而是试图批判性地接受自己导师的观点。如此一来，你能与导师建立起无条件的信任吗？显然不行。无条件地信任一个人是非常困难的。它要求你全身心地与另一个人互动，以达成行为模式的共振。而其中最困难的是，你的导师明明有这么多不一定对的偏见，你凭什么全然地听从他/她的？

"吾爱吾师，但吾更爱真理。"这是一句你可能听过的西方谚语。但微妙的是，在你职业生涯的早期，你很难判断什么是真理。最终，你既没有与导师建立信任关系，也没有在探索真理的旅途上走得更远。在你职业生涯的早期，选择一位好导师，耐心地成为他的学徒。不要批判性地接受导师，而是全身心地投入，让导师感受到你的热情和专注。**与其选择批判性地接受，不如选择接受偏见**。正如我的一个朋友所说：

> 偏见会自我平衡，人必须先有深度，其次才谈有没有偏见。一个没有偏见又没有深度的人是没有意义的人，一个有偏见但是有深度的人是有价值的人。首先要做到有深度，然后再去消除偏见。[3]

就像村上春树所说，充满偏见的爱，恰恰是你在这个不可靠的世界中，可以偏执地爱着的事物。[4]充满偏见的信任，也许正是你在这个不可靠的世界中，可以信任的事物。

4

最后让我们探讨第三个关键词：**平衡**。假设我们将一位顶尖人才的能力理解为一个多边形。每位顶尖人才都会有自己的取舍、平衡和权重。但是，所有顶尖人才所展现的能力多边形都相对均衡、和谐，这赋予了他们一种内在的平衡之美。你几乎不会见到一个能力极端畸形的人，即某一方面极其突出而其他方面极其欠缺。那样的人很难达到顶尖人才的层次。

所有的偏见最终都会自我平衡。顶尖人才都具有这种平衡能力。如果你只关注他们当前的观点，那么你的信任仍然局限于对事的信任，而不是对人的信任。在你职业生涯的早期，你需要与一两位导师建立起对人的信任，而不仅仅是对事的信任。

心理学家黄光国在其成名作《人情与面子：中国人的权力游戏》中，将中国人的人际关系分为工具型关系、混合型关系和情感型关系三类。[5]典型的工具型关系是陌生人关系，遵循"公平法则"——"合则来，不合则去"；混合型关系是熟人关系，遵循"人情法则"——"有恩报恩，有仇报仇"；情感型关系是家庭或亲友关系，遵循"需求法则"——"各尽所能，各取所需"。

随着你工作年限的增长，你会建立起大量的工具型关系。而像爱情、无条件的信任这样非理性的信任却相对罕见。然而，正是这些看似非理性的行为，为许多人带来了人生发展的重大机遇。正如人类的两性关系不能简单地遵循公平法则和人情法则，如果人类的两性关系全都是"有恩报恩，有仇报仇"，人类早就灭绝了。在你的职业生涯早期，无条件的信任就像是一场将自己后背交给他人的团队建设练习。如果你不愿意将自己的后背交出去，你就很难获得某些特殊的体验。

人生之屋，窗开百扇，门唯二三。[6] **信任是命运在你的职业生涯早期为你打开的一扇门。** 在你漫长的职业生涯中，你需要信任那么两三位身边的导师；你需要非理性地爱上一个人，这是人类先天的宿命。正是这种机制，一方面确保了人类进化的整体随机性与多样性；另一方面，给每个人的命运带来了质的飞跃而非仅仅是量的增加。

小　　结

晚霞燃烧，我站在人生的十字路口，紧紧拥抱着那位囤积月光的女神，痛哭失声，却永远无法改变自己的命运。[7]

第四节　助人：成为理性助人者

1

2014年，我主办首届开智大会，邀请了好友赵昱鲲老师。他的演讲《好人会武术，神仙挡不住》幽默风趣，给观众留下了深刻印象。赵昱鲲老师谈到，人类天性喜欢帮助他人，但也需要小心，过度地帮助别人，无限消耗自己的时间、金钱与精力，成为病态助人者。[1]

人们在日常生活中经常面临各类取舍，而人际关系上最频繁的取舍就是：是否帮助另一个人。有些决策相对容易，例如来自强联系圈内的密友、好友们的请求。因为双方了解彼此。有些决策看似简单，实则可能带来额外的风险，比如一个不太熟悉的朋友请求你引荐一位你的好友，或者一位交谈不多的学生请求你为他写推荐信。答应还是不答应？心理学家亚当·格兰特（Adam Grant）的研究显示，你如何处理这些助人请求，将决定你在事业上能取得多大的成功。[2]

按照格兰特的观点，你可以根据人们的行为，将他们分为三类：索取者（Taker）、给予者（Giver）和互利者（Matcher）。

» 索取者：那些在与他人互动中，试图获得尽可能多而自己付出尽可能少的人。
» 给予者：与索取者相对的另一极端，这类人更倾向于在人际互动当中付出，经常无条件地帮助他人。
» 互利者：这类人介于索取者与给予者之间，他们试图维持给予和索取之间的平衡。如果帮助了别人，期待对方也能以同样的方式回报。

格兰特通过总结各类数据发现，给予者往往过于关心他人，信任他人，并愿意为了他人的利益牺牲自己的利益。研究显示，与索取者相比，给予者的收入少了14%，成为犯罪受害者的概率高出一倍，被认为强有力和具有支配性的程度低22%。[3]

看上去，给予者更像是成功者的垫脚石。但出乎意料的是，位于社会顶端的依然是给予者，而不是索取者或互利者。给予者因其建立的长期信誉和人脉，通过慷慨巩固关系和影响力，为自己的事业和生活带来了更多机遇。

因此，更明智的人生发展策略是成为一名理性助人者，也就是理性的给予者，而不是单方面透支自己的人。正如赵昱鲲老师所说："你可以成为理性的给予者，避免因病态利他导致自我枯竭，同时不要给索取者可乘之机。"[4]

那么，如何成为理性助人者呢？我综合了格兰特等人的研究成果，以及赵昱鲲、丁健等多位好友和我自己的实践经验，总结出三类策略：识别与选择、互惠与公开、集中与效率。

2

首先，让我们来看看第一组策略：识别与选择。

识别策略：并不是每个人都值得你的帮助。因此，你需要有意识地去判断对方是一个给予者，还是一个索取者。具体来说，你可以采取以下做法：

（1）设置门槛。在决定是否帮助对方之前，你可以设计一些小门槛。例如，要求对方通过邮件形式，详细说明自己的背景信息、所需的帮助以及他们已经做出的努力，还有他们对你的了解程度。多数索取者没有耐心完成这样的邮件，他们通常会同时向多人求助，并根据得到的反馈来决定下一步行动。这样一来，你就能排除这些人。一旦你判断对方是索取者，就不要给他们任何机会。虽然惩罚索取者可能有难度，但至少你可以选择不与他们接触。

（2）面对面交流。在你决定帮助对方之前，或者在第一次帮助他们时，亲自见一见，通过对方的言谈举止来观察是哪类人。我经常采用这种策略。当你和某人第一次见面时，尽量避免在大型活动中认识，而是选择一对一的私密聚会。高质量的交流往往需要特定的时间（比如几个小时的单独交流）和空间（比如一对一的私密环境）。如果你在大型会议上与某人首次见面，可能会过于匆忙地给对方贴上标签，误以为在会议上看到的就是对方的全部。

选择策略：不妨刻意选择帮助那些更值得帮助的人。最重要的选择策略是——帮助那些曾经帮助过他人的人。这些人往往更易感恩，他们的行为模式更接近给予者。

除此之外，你还可以选择帮助那些和你在品味、思想、兴趣上更接近的人；选择帮助那些有礼貌、积极向上、乐观、有奋斗精神的人；选择帮助那些对你的帮助给予积极回应和正面反馈的人。

3

接着，让我们看看第二组策略：互惠与公开。

互惠策略：对于陌生人的相遇，可以看作是一次性囚徒困境，而对于熟人则是重复囚徒困境。当你线下认识某人时，就是从一次性囚徒困境过渡到重复囚徒困境的阶段。你应该尽量减少那些一次性的人际往来，而是至少确保有三个回合的交互。

你可以从单回合的"一报还一报"策略，过渡到三回合的策略。通过这三次交互来判断对方是否值得你的帮助和长期合作：第一次，你扮演给予者的角色；第二次，你是互利者；第三次，你变成索取者。如果经过这三回合，你发现对方有明显的给予者倾向，那么你就可以继续合作；反之，就应该中断合作。

公开策略：尽可能地公开你的助人行为。如果有人通过邮件请求你的帮助，你可以直接询问对方是否同意在做好隐私处理后，将你的回复公开在博客上。如果对方不同意，那么你可以考虑不予回复。

这个策略的一个变式是，尽量公开别人对你的帮助。如果有人私下帮助过你，你可以在得到对方的同意后，在公开场合传播对方的善举。例如，我在每本书的致谢部分都会列出那些帮助过我的人，以表达我的感激之情。同样，在我组织的开智大会上，我也会公布所有值得感谢的师友名单。

4

最后，让我们探讨第三组策略：集中与效率。

集中策略：你可以选择时间上的集中策略、空间上的集中策略，或者两者的结合。

（1）时间集中：你可以设定专门的"助人时间"，在这个时间段内专注处理所有的助人请求。例如，我经常在周三下午回答学生的问题。

（2）空间集中：你可以选择一个固定的地点，比如你的办公室，专门用来会见寻求帮助的人。以我为例，我常在位于东三环南路的人生发展咨询办公室接待来访者。我的一些企业家朋友常在某个交通方便的地点设立"开放办公室"，在那里集中接待寻求建议和合作的伙伴。

（3）时间空间结合：比如你可以在每月第一个周三下午，在会议室集中接待求助者，这样可以有效地将助人活动与其他工作分开。

通过这些集中策略，你可以更有效地管理你的时间和空间，同时也能给求助者一个清晰的预期：他们知道在什么时候、什么地点可以得到帮助。

效率策略： 首先判断你是否能在5分钟内完成每次助人行为。如果一个请求可以在5分钟内完成，那么就立刻处理它。这可能是回答一个简单的电子邮件、提供一个联系人介绍或分享一个资源链接。

如果助人行为需要超过5分钟，且你无法提供独特的价值，那么你可以选择放弃，或者将求助者引荐给其他能够提供帮助的人。这样不仅可以帮助求助者找到更合适的帮助，也为你节省了宝贵的时间。

5

无论如何，我们都可以对他人持有善意。一个关于助人为乐的心理学实证研究发现，善意和幸福之间的密切关系存在于日常生活中。善良的人们不仅体验到更多的幸福，而且拥有更多的美好回忆。令人惊讶的是，即便没有实际的助人举动，仅通过为期一周的记录善举，人们就会变得更加幸福和感恩。

心中满是爱、快乐、感恩、自豪、幽默、审美等积极情绪，自然心境变得宽广，世界变得很大。反之，心中充满恨、悲伤、自大、无趣、丑陋等消极情绪，自然心境变得狭窄，世界变得很小。

善有善报，恶有恶报，某种意义上是真的。因为，当一个人对世界、他人持有恶念，犯有恶行，那么世界、他人、自己，在他/她看来，往往也是"恶"意的，会容易放大"恶"，低估"善"，最后更容易会被"恶"回报。

人与动物最大的区别在于，人类需要天天进食信息与信任。没有信息，我们顿觉无聊；缺乏信任，我们感受孤独。而信息与信任亦有高低之分，如果一个人长期与垃圾信息以及廉价信任为伍，那么他会"营养"不良。而优质的信息（或称之为真）与无条件的信任（或称之为爱），会大大激发一个人的行动，也就是善。

小　结

成为一名理性助人者，并不意味着无休止的付出。记住，善良不是无边界的牺牲，而是有原则的关怀；不是盲目的给予，而是明智的投资；不是单向的输赠，而是互惠的交流。

03

第三篇

看见更大的世界

第七章

竞争：守正、出奇与竞合
如何在社会竞争中脱颖而出？

第一节　社会竞争意识

1

2022年，我与一群志同道合的咨询师开启了一个新业务：人生发展咨询，我们成立了一个新品牌：东木咨询。每个周末，我都会在东木咨询位于东三环南路的咨询室接待来访者。[1]

一个阳光灿烂的周末，我与咨询助理在咨询室迎来了一位35岁左右的来访者。这位来访者毕业于名校，曾在一家上市公司担任过人力资源总监，之后创业多年。

听起来，他的经历颇为励志。然而，意外的是，这位来访者在创业过程中并不喜欢与人竞争，他更倾向于做支持者，辅佐他人去竞争。这样的选择导致了他的创业之路充满了坎坷。

我在咨询时问了他一个有趣的问题："你见过哪个创业者不喜欢竞争的？"我打了个比方，在旁边围观别人打架，与自己亲自上阵与人干架，哪个成长快？显然，那些在一线"干架"的创业者成长更快。

实际上，类似这位来访者的人并不少见，而且不仅仅是创业者会遇到这样的问题。有些人明明有晋升的机会，但因为需要参与激烈的竞争，一轮又一轮的选拔才能胜出，他们宁愿放弃。还有些人在被同事诋毁或背后攻击时，选择默默忍受，不作回应。还有的人发现自己的竞争对手在抄袭自己的想法，却选择放任自流。

在某种程度上，可以说，这些人都缺乏社会竞争意识。

2

什么是社会竞争意识？它指的是人们对社会资源、地位争夺的认知与态度。

正是社会竞争意识促进了人类大脑的增大。你知道吗？在过去的200万年里，人类大脑的体积增加了两倍，增长速度远远超过了其他哺乳动物。曾有研究者认为人类大脑的增大与气候变化和生态需求相关。然而，大卫·盖里（David Geary）等人的研究表明，社会竞争才是导致人类大脑容量增加的主要原因。他们收集并分析了过去200万年间153个原始人类头骨的数据，比较这些化石的年代和地理位置、全球气候变化、当地寄生虫数量以及头骨发现地的人口密度等多种因素。结果显示，人口密度对大脑大小的影响最为显著。在人口较多的地区，人们为了争夺生活必需品和社会地位而展开竞争，更大的大脑为他们提供了优势，从而在进化中胜出。[2]

社会竞争意识不仅促进了人类大脑的发展，也能带给你更好的绩效。你可能有这样的经验：与人共事时效率更高。这就是"社会促进效应"。这一效应最早可以追溯到1898年心理学家诺曼·特里普利特（Norman Triplett）对竞技体育的研究。他在观察自行车比赛时发现，骑手在与其他人竞争时的表现通常优于单独骑行的情况。随后，他通过一系列实验证明了在他人在场的情况下，人们往往表现得更好。[3]

事实上，这种社会促进效应不仅存在于线下的竞技体育中，在线上同样可以发现。2016年，宾夕法尼亚大学的研究者达蒙·森托拉（Damon Centola）等人组织了该校800名学生参与了为期11周的锻炼计划。他们将参与者分为四组，以测试不同类型的社交网络对他们运动水平的影响。四组分别是竞争组（个人竞争组、团队竞争组）、团队支持组和控制组。有趣的是，竞争组取得了压倒性的胜利，其中团队竞争组表现略优于个人竞争组。[4]

3

竞争在进化上是必要的，它在线上线下都促进了人类绩效。然而，并不是每个人都喜欢竞争。那么，为什么人们在日常生活中会害怕竞争呢？

因为害怕竞争带来羞辱与惩罚。参与社会竞争存在风险。回想中小学时期，如果在学业竞争中失败，期末考试成绩排名靠后，班主任可能会将你的座位调到教室后面，你也可能会受到同学的嘲笑。既然竞争失败带来羞辱与惩罚，那么为何不从一开始就放弃参与竞争呢？

因为害怕竞争会破坏关系。在日常生活中，有些人会为了维护关系而主动放弃自己的利益。面对晋升机会，如果另一位竞争者是你的好友，你可能会选择放弃。传统儒家文化强调以和为贵，注重人际和谐，进一步放大了这种趋势。

因为害怕竞争会引发第三方介入。在工作中，你可能会遇到一类人，他们在遇到竞争时希望能够大事化小小事化无，更不愿意将事情公开，通过法律手段或诉诸媒体来维护自己的利益。许多商人也讲究低调行事，不愿意高调竞争，因为他们担心这可能引发强势第三方的介入，带来不可控的后果。有时，这个第三方可能是司法机关；有时，是媒体；有时，则是市场监管机构。

竞争是不确定的，有时带来甜蜜和收获，有时却带来羞辱和惩罚。竞争是危险的，它可能破坏我们与他人的关系。竞争是不可控的，它可能引发第三方介入。

然而，竞争真的如此可怕吗？

4

有一位名人，他的一生就是不断地与人竞争，甚至是通过竞争来促进自己的发展。他就是弗洛伊德。弗洛伊德的一生可以说是善于利用竞争的。在他童年时，他就表现出强烈的"恋母情结"，与父亲竞争。长大后，他与潜在的情敌竞争。在结婚前，他未来的妻子玛尔塔周围有两位仰慕者，他通过激烈的言语攻击他们，并试探玛尔塔的忠诚。工作后,他不同意导师布罗伊尔的观点,后来与朋友弗里斯逐渐疏远。在创立精神分析学派后,他又与学生荣格和阿德勒产生严重的分歧,最终导致彼此绝交。[5]

尽管竞争可能带来一些负面影响,但并非所有的竞争都是有害的。显然,弗洛伊德这样的竞争促进了他的个人发展。他所创立的精神分析学派,百年后依然影响深远。除了弗洛伊德之外,在众多开宗立派的伟人身上,我们都可以看到强烈的社会竞争意识。例如,维特根斯坦批判亚里士多德的"经典范畴论"后提出了"原型范畴论";米塞斯批判传统经济学后撰写了《人的行为》;凯利批判了弗洛伊德与斯金纳后提出了"个人建构心理学"。[6]

因此,我们可以将竞争分为两种基本类型:恶性竞争和良性竞争。恶性竞争是为竞争而竞争,不择手段只为胜利。而良性竞争不在意输赢,而是注重通过参与竞争类活动获得个人成长。

那么,你如何判断自己的社会竞争意识是良性还是恶性呢?心理学家理查德·赖克曼(Richard Ryckman)在20世纪90年代编制了多套竞争态度量表。[7]中国学者陈国鹏、谢晓非等人在其基础上修订为中文简体版。[8]我从中抽取了一些较有代表性的题目,修订后合并为"竞争态度简版问卷",供读者自测。问卷题目如下:

请按实际情况进行回答。1=完全不同意,2=部分不同意,3=不知可否,4=部分同意,5=完全同意。

1. 我喜欢竞争,因为它给了我发现自身能力的机会。
2. 竞争的失败使我感到自己作为一个人的价值降低。

3. 竞争能促成人与人之间的友谊。

4. 如果有办法能扰乱对手使我在竞争中胜出，我愿意这么做。

5. 没有竞争的挑战，我可能永远也不会发现自己有某些潜力与才能。

6. 即使某些人竞争不过我，我也会和他们竞争。

7. 我欣赏竞争，因为它使得我与竞争对手作为平等的人来讲更加接近。

8. 我不介意给某些人奖励，即使他们所做的事我也能做或者做得更好。

9. 对我而言，对自己在竞争中的表现完全满意并不困难。

10. 我发现自己会把友善的游戏和活动变成一系列的角逐与冲突。

11. 我喜欢竞争，因为它使我更多地了解自己。

12. 这是一个弱肉强食的世界，如果你不胜过别人，别人一定会把你击败。

13. 竞争让我有机会展示我的才华和潜力，这让我很开心。

14. 竞技运动的失利，真的会使我沮丧。

15. 我欣赏竞争，并不仅仅因为它是使自己做得比别人好的一种方法，更主要的是因为竞争使我进入比较高的动机水平，从而更好地发挥自己。

16. 我喜欢挑战，赢得那些已经与别人建立亲密关系的人的喜欢。

17. 我喜欢竞争，因为它能够使我发挥最大的潜力，而不是因为它让我感觉自己比别人好。

18. 我不在竞争中考虑友谊。

19. 因为有了竞争，我觉得自己能帮助别人变得更健康、更幸福。

20. 我无法忍受输掉一场辩论或比赛。

请你依次答题，并将你的得分累加，这代表了你的竞争态度。其中，单数题均为正向计分，选1得1分，选5得5分；双数题均反向计分，也就是选5得1分，选1得5分。得分越高，代表你的竞争态度越积极健康。

5

如果你是一位人生发展咨询师，那么现在你会给来访者什么样的建议呢？

显然，很多来访者混淆了恶性竞争和良性竞争。恶性竞争使得人焦虑、紧张、嫉妒，然而，良性竞争促人成长。因此，不妨在日常生活中为自己创设更多良性竞争的机会，减少不必要的恶性竞争。

需要提醒的是，我在人生发展咨询时发现，女性因为社会竞争意识不足，从而影响人生发展的案例，颇为常见。我甚至开玩笑，未来如果有时间了，专门写一本《女孩竞争》的书。

有的来访者是海外名校毕业，自行创业相当成功，但始终认为自己不适合与人竞争，不愿意担任CEO。

有的来访者在学生时期曾获得过难度不小的挑战杯奖项，发表过多篇论文，然而进入社会后，面对更好的发展机会却越来越不敢争取，人生发展也逐渐变得平庸。

有的来访者步入婚姻后，自然而然地将重心逐渐转移到家庭，面对职场升迁变得越来越淡薄，甚至主动放弃了一次又一次机会。

整个社会的规训机制，使得女性更容易形成错误的竞争观念，两类观念尤其突出。

一种观念是，不少女性认为所有的竞争都是恶性的，会带来羞辱与惩罚，破坏关系、引发强势的第三方介入。对女性来说，竞争带来的后果往往与性密切相关，进而导致更多的女性放弃竞争，即使它是良性的。例如在青春期，胸大的女生会被同性嘲笑，成年之后，女性在工作中表现得稍微出色一些，就可能受到非议，甚至各种涉及男女关系的谣言。社会学家布迪厄将其称之为"性别暴力"，他在《男性统治》一书中调侃道：

> 男性统治将女人变成象征客体，其存在（esse）是一种被感知的存在（percipi），所以男性统治的作用是将女人置于一种永久的身体不安全状态，或更确切地说，一种永久的象征性依赖状态：她们首先是通过他人并为了他人而存在，也就是说，作为殷勤的、诱人的、可用的客体而存在。人们期待她们是富有"女人味的"，也就是说，微笑的、亲切的、殷勤的、服从的、谨慎的、克制的，甚至是平凡的。而所谓的"女性特征"通常不过是一种迎合男性真实或假想期待的形式，特别是在增强自我方面。因此，对别人（不仅仅是对男性）的依赖关系渐渐成为她们存在的一部分。[9]

另一种观念是，不少女性认为自己在竞争中的表现会理所当然地不如男性。比如，不少女性认为自己天生不擅长数学、不适合从事理工科等职业。然而，我的一位朋友，边琳老师和她的同事于2017年在《科学》（Science）杂志上发表了一篇论文。[10]她们的研究发现，男女差异的刻板印象在孩子六岁时开始形成。具体来说，六岁的女孩比男孩更不容易相信自己的性别是非常聪明的。而且从六岁开始，女孩子开始避免参与一些看似需要高智商的活动。

这篇论文有趣之处在于，它揭示了关于智力的刻板印象并非天生的，而是在社会规训之后，大约在女孩六岁时才形成。从此，不少女孩便放弃了那些看似需要高智商的活动。

那么，我们该怎么让女性更好地形成社会竞争意识呢？首先，得学会将竞争区分为不同类型，良性竞争不是坏事。其次，可以有意识地参与一些竞技类的体育活动，比如拳击、赛跑、棋类竞赛，力争第一。最后，多多见识一些历史上的杰出女性，尤其那些在传统男性优势领域表现杰出的女性，从而打破刻板印象。

小　结

竞争无处不在，回望历史长河，正是竞争催生了人类智慧的火花。然而，竞争有其双面，它既有可能带来分裂和破坏，也有可能成为进步和成长的催化剂。不妨拥抱那些能够激发潜能、促进人生发展的良性竞争，让它成为我们前进的动力。

第二节　守正：理解核心竞争力

1

如何提升你在工作上的核心竞争力呢？我将其总结为一个公式：核心竞争力＝价值创造＋成本控制＋持续稳定＋传承影响。如下图所示：

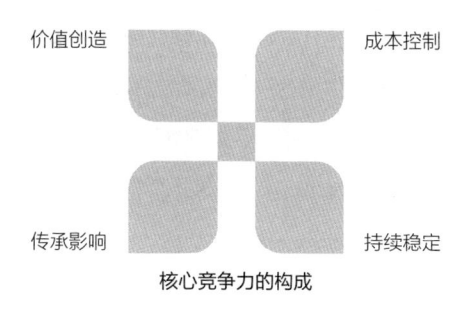

价值创造　　成本控制

传承影响　　持续稳定

核心竞争力的构成

以下一一阐述。

2

什么是价值创造？它是指你为社会创造价值的能力。人们容易想到经济价值,但价值的含义其实远远超出这个范畴。

在第二章中,我提到影响人生发展的多种资本,包括健康资本、心理资本、技能资本、社会资本、文化资本、经济资本、政治资本、婚姻资本、家庭资本等九种常见类型。这些资本可以被分为三个层次:身心能——健康资本、心理资本、技能资本;钱人才权——经济资本、社会资本、文化资本、政治资本;伴侣子女——婚姻资本、家庭资本。[1]

身心能是所有社会交易的基础。随着社会变得越来越复杂,你开始接触到不同类型的资本,如经济资本、社会资本、文化资本、政治资本等。这些资本不仅仅是简单的人与人之间的交易,而是演变为更加复杂的交易形式,依赖于各种中介物。例如,经济资本借助金钱、财富为中介物;社会资本借助声望、地位为中介物;文化资本借助学历、作品等为中介物;政治资本借助党派、组织为中介物。在身心能、钱人才权的基础上,才有了伴侣子女层面的资本。

实际上,这些资本类型不仅反映了你与社会的交易类型,也可以用来评估你为社会创造的价值。

当你帮助别人减肥,改善运动习惯时,你提供的是健康价值。当你倾听他人内心,引导正面情绪时,你提供的是心理价值。当你帮助他人解决问题,提高生产效率时,你提供的是技能价值。

无论是消费还是投资,你提供的是经济价值。结交不同的朋友,建立良好的人际关系,你提供的是社会价值。参与社会活动,影响公共决策,你提供的是政治价值。促进伴侣间的沟通,增进感情和谐,你提供的是婚姻价值。培养子女,营造温馨的家庭环境,你提供的是家庭价值。

你的核心竞争力取决于你在生活中各个方面所累积的人生资本总和，我将其称之为人生资本总量。人生资本总量越大，你创造的价值就越大。

如何提升自己的价值创造能力？最需要注意的是什么？人们常讨论如何创造价值，却很少讨论如何保护自己创造的价值。创造价值的方法可以参考本书第二章的内容，而我在本章想要重点介绍的是如何保护自己创造的价值。

价值是相对的，也就是说，它与市场供给相关。资源越稀缺，其价值就越大。在AI时代，像GPU这样的稀缺资源能够获得较高的溢价。然而，许多知识工作者常忽略了保护自己的稀缺性。不同于黄金这样天然具有稀缺性的产品，知识工作者的稀缺性往往源于他们掌握的知识、技术和人脉。如果你不注意保护稀缺性，那么你创造的价值一不留神就变小了。

接下来，我将通过两个小故事，展示高端玩家如何保护自己的稀缺性。

利用行业规则保护稀缺性

第一个故事是关于弗洛伊德的。当你阅读弗洛伊德的传记时，会发现一个有趣的现象：尽管很多人批评他，认为他的心理咨询并非总是成功，但你是否注意到，即使在如今发达的互联网条件下，依然很难找到弗洛伊德及其精神分析学派的咨询录像。

从弗洛伊德时代开始，人们就默认了咨询师与来访者之间的沟通是不能录像、不能录音，更不能公开的。这已经成为心理咨询行业的一个默认规则。有人可能认为这是合理的——因为它保护了来访者的隐私；而有人可能认为这不合理——如果咨询师侵犯了来访者的权利，来访者没有任何证据进行反击。

不论这些行业规则是否合理，你可以看到这是一种非常高明的保护稀缺性的做法：让知识工作者的劳动不可见，仅限少数人可见。在心理咨询行业中，这些少数人被称为督导师，他们通常是咨询师的老师。在心理咨询行业，容易整理出清晰的师承关系。

你可以想象，如果有一种极端情况，咨询师与来访者的所有沟通都被直播，当然，来访者被AI处理成虚拟人物来保护隐私，但咨询师的所有沟通都被公开，那么会出现什么结果？显然，咨询师的劳动价值会大打折扣。就像耐药性一样，知识也有其新鲜度。一位优秀咨询师经过漫长铺垫，才能让来访者顿悟某个道理。而这个顿悟的道理变成了来访者每天都能轻易接触到的内容，那么这个道理显然不再新鲜。

同样地，心理咨询师经过长时间的训练和督导机制构建的师承关系，是否继续保护了咨询师的稀缺性？

这种做法与我们通常认为的要多多分享优质内容的理念截然不同。我们通常认为分享是一件好事，例如在社交媒体上发帖子、写博客等，但实际上，并不是所有分享都会增强个人的核心竞争力。更好的做法是对分享进行分级，部分面向大众；部分面向潜在客户；部分面向同行。

利用行业联盟保护稀缺性

第二个故事是关于一位CHO（人力资源总监）的。这位CHO是我的前同事。二十多年前，我们在同一家管理咨询公司工作。之后，我离职创业；而他离开管理咨询行业，转而在客户公司从事人力资源管理工作。大约十年前，他已经成为一位高薪的金领人士，担任过多家世界500强企业的CHO。不久前，他刚离职，当天晚上就被另一家世界500强企业挖角。

那么，他是如何做到在行业内如此抢手的呢？答案仍然与稀缺性有关。在2017年，他与其他人一起发起了一个CHO联盟。该联盟聚集了许多资产上千亿的上市公司和准上市公司的人力资源总监。加入联盟的门槛非常高，需要所在企业达到一定的规模，因此联盟的成员并不多，只有一百人左右。然而，该联盟的线上线下活动频繁，每年至少有两次固定的聚会，因此凝聚力非常强。作为联盟的发起人之一，他获得了业内极高的认可。

虽然CHO很多，但是得到上百位大企业CHO支持的人并不多。因此，当大家得知他离职的消息时，便连夜将他挖走了。

创建行业联盟并为加入者设定门槛，也是一种保护稀缺性的巧妙方式。这不仅对联盟的发起人有利，对参与者同样有益。

需要指出的是，并非所有稀缺性都是真实的。例如，有些手机公司为了制造恐慌，故意营造产品供不应求的假象。相比之下，性别、年龄、地域等属性则很难伪造。例如，我的一个朋友，他专门发起了针对女性的程序员培训活动，帮助更多女性成为程序员。

这样的活动在一个男性极多的行业天然具有稀缺性，并且很难被仿造。

3

仅仅创造价值还不足以确保成功，你还得学会成本控制。什么是成本控制？它是指你有意识地识别、监控、评估和调整各类成本要素，从而降低成本，提高资源使用效率的能力。任何人都能创造价值，但有些人花费巨额资金只产出少许，而有些人则以较低的成本为社会作出更大的贡献。显然，后者的竞争力更强。

人们容易低估成本，高估收益。收益常常是井中之月、水中之花，然而成本却是实实在在的投入。能够在大的时间周期内胜出的人，常常不是追求高风险高收益的，而是持续长时间的低成本投入，借助复利效应，最终获得更大利益。

因此，一个更好的做事习惯是，对任何项目都要高估成本、低估收益。尽量把项目成本估计为实际可能的3倍或10倍；而将收益看作他人预估的十分之一或百分之一。这样反而容易大赢。

在创业领域中，我并不认为高举高打、依赖风险投资的模式是最佳选择。相反，我更倾向于低成本高收益的模式。有的公司投入巨资却一无所获，而有的公司可能只投入少数却赚回多倍，显然，后者的核心竞争力更强。

人们容易只看到经济成本，却忽视了其他成本。除了最容易察觉的经济成本，还有时间成本、情绪成本、人际沟通成本、信用成本和机会成本等。许多人只关注经济成本，而没有意识到其他隐性成本的付出。

以机会成本为例，曾有一家熟悉的出版社邀请我录制讲书课程，并提供一笔不错的经费。这似乎是一件轻松赚钱的事，但实际上会影响我的创作计划，因此我婉拒对方。再以人际成本为例，人与人之间的互动成本非常昂贵。因为人与人之间的交互主要是通过语言，而语言极易引发误解，同样的话在不同的人和情境下可能会有不同的理解。此外，情绪也会大幅影响人际互动。因此，成本控制也意味着要尽量减少人与人之间的互动，以避免语言和情绪的干扰。

在所有这些成本中，最容易被低估的是时间成本。其实，成年人的时间成本极其昂贵，一天中常常只有不到四个小时的时间能够保持高度集中注意力的状态，用于高质量脑力劳动。从20岁到70岁，成年人的产出期大约是50年。50年听起来似乎很长，但如果折算下来，实际上能够用于高质量脑力劳动的时间只相当于12年。

即便你不吃不喝不睡，能保证有质量的产出时间，实际上也仅仅是这12年。许多人一旦将这12年误以为是50年，就会认为自己还有漫长的余生。

这里还有一个有趣的事情是什么呢？有的时间是有效劳动，有的时间是无效劳动。同样是管理行业，以管理培训与管理咨询两种常见的知识劳动举例。前者的无效劳动较少：预收费；明确的开始、结束；交付成果较为明确；较易实现老师、学生的多赢；容易多样化，难以形成垄断。后者的无效劳动较多：开始、结束时间不够明确；交付成果不够明确；实现多赢不易，很多咨询成果必须保密；必须做到头部。

那么，你该如何降低自己的时间成本，提高有效劳动比例呢？答案是：设定约束、重视里程碑和注重战略进度。

设定约束

我们做任何事情，都限定在"四"以内，那么效果就更好。因为"四"是人类大脑能直接记住的数字，无须借助任何外部辅助工具的信息容量上限。

以品牌管理为例，你负责的品牌，未来三年内最重要的四件事是什么？多数时候，人类大脑的工作习惯是这样的，如果让他/她想四件事，他/她很可能会想出五件事甚至更多。

因此，我常常建议同事，将关注的事项从四件减少到两件。也就是，你负责的这个品牌，未来三年最重要的两件事是什么？并且这两件事往往需要聚焦于核心矛盾，涉及不同方向。如果这些事项都指向同一个方向，那么意味着往往可以合并为一件事。以先前提及的东木咨询为例，最重要的两件事是"咨询师的咨询能力"与"来访者的认可"。

重视里程碑

一旦同时面对两件事，你可能会左右摇摆，觉得它们都很重要。确实，从三年的时间跨度来看，咨询师的咨询能力、来访者的认可，显然两件事都重要，不可偏废。然而，如果你同一时间抓两件事，通常最后都抓不好。那么，更好的做法是什么呢？

答案是重视里程碑。从三年的时间尺度来看，确实，两件事都重要。但如果我们将三个月作为一个时间周期来看，显然答案大不相同。

不妨每三个月给自己设定一个里程碑。在这三个月，我们优先集中资源，完成这一里程碑。例如，第一个里程碑是获得来访者的认可；第二个里程碑是官方网站上线；第三个里程碑是咨询服务系统上线；第四个里程碑是举办首届东木大会；第五个里程碑是东木文库出版的第一本著作上市。

里程碑能够帮助我们明确，当前最重要的事情是什么。一个接一个的里程碑，最终将引领我们走向未来。

注重战略进度

人们常常在同一里程碑上停留太久。你更应注重"战略进度"而非"战术细节"。什么是"战略进度"？它是指人们在实现战略目标时的进展，与它相对应的是"战术细节"。再完美的战术细节，如果无助于战略目标的实现，显然，战略进度较慢。而战术细节即使不够完美，只要我们距离实现战略目标越来越近，显然战略进度就是较快的。

快速发展并不仅仅是在战术细节上反复打磨，而是要围绕战略目标，不断地跃迁。在跃迁的过程中，必然会有损耗，也难免会有做得不尽如人意的地方。但一旦达到新的层次，情况就会大不相同。

仍以人生发展咨询事业举例，当我们培训一批咨询师，必然有发展快的，也有发展慢的。然而，如果你只关注那些发展较慢的咨询师，那么必然会拖慢战略进度。同样，服务一批来访者，必然有满意的，也有不满意的。然而，如果你始终聚焦于咨询师早期的不足之处，那么必然会拖累战略进度。

而一旦跃迁到新的层次，你拥有的咨询IT系统将更加先进，来访者互助网络也将更为强大，你会发现原本令你头疼的问题不再重要。这正是战略进度带来的升维优势。

系统层面的优势远远超过单一要素。与人竞争，你不应该仅仅依赖单点取胜。单点取胜可能意味着你不得不采用996的工作模式，牺牲家庭生活，同时也没有时间去阅读、思考和写作。

4

你的价值创造出色，成本控制同样在行，这是否意味着你就是一个具备长期竞争力的人呢？不尽然。这可能只表明你在特定时期具备竞争力。但时间总在流逝，你能保证在45岁时还像25岁时那样有竞争力吗？从行业顺境、公司巅峰到行业逆境、公司低谷，你的竞争力是否依旧？

真正的复利效应源自于时间。与时间做朋友听起来简单，实际上却非常困难。世事无常，今日的巅峰可能是明日的谷底。因此，你还得注重持续稳定。什么是持续稳定？它是指在市场和环境不断变化的情况下，你依然能够以较低的成本持续创造出较大的价值。

人性天然难以抵御时间的波动。在顺境中，人们容易变得懈怠；在逆境中，人们容易放大挫败感，选择放弃。那么，你该如何更好地应对时间的波动呢？

答案是：**尽早成为内在动机驱动的人**。名利等外在因素易随风波动，而内心的热爱和兴趣则稳如磐石。很多人追求金钱和名声，随着年龄增长，他们发现自己的竞争力其实不如那些始终由内在动机推动的人。

以创业和写作为例。一类创业者总是追随潮流，社会热衷什么，他们就做什么。另一类创业者则是由内在动机引领，他们不是为了名利，而是真正热爱自己的事业。哪一类创业者更能抵御时间的波动，在十年、二十年后仍能胜出？

再说写作。写作并非一门理想的生意，因为竞争者众多。但它又是一门理想的终身职业，因为竞争者寥寥无几。这种看似矛盾的现象，我们应该如何解释呢？

当你把写作看作生意，关注投入产出比时，它似乎并不理想。因为一本书的销量常常在作者本人的预估之外。纳博科夫曾想销毁的《洛丽塔》最终为他带来了丰厚的版税收入；而休谟重视的《人性论》出版后却未引起任何反响，连批评声音都没有。

在任何时期，总有众多作品与你竞争读者的注意力。但当你放眼长远，许多作品不复存在。

那么，写作为何又是一门理想的终身志业呢？因为写作是少数几项可以随时随地进行、容易进入心流状态，且能够获得读者反馈和经济回报的活动。

聪明人下笨功夫。市面上聪明人太多，都想走捷径。结果，原本的捷径变得拥挤不堪。而那些愿意下笨功夫的人，却在阳光大道上畅行无阻。

成为内在动机驱动的人，走自己的路。在自己的优势领域做到极致，远超社会平均水平，达到至少2个标准差之上。当与人竞争时，将对手拉入自己的优势领域，以长制短。之后再不断扩展你的优势领域，从一个到多个。如此这般，十年后，仍有少数对手；二十年、三十年后，左顾右盼，已无任何对手。

5

最后，让我们来看看"传承影响"。什么是传承影响？它是指你通过言传身教、著书立说，培养嫡系门徒以及影响他人的能力。

仅凭自己的竞争力还不够，你还需影响他人。在信息流通速度较为缓慢的年代，人们担心"教会徒弟，饿死师傅"。因此，师傅设置重重门槛来考验徒弟，端茶递水、问安请好，年复一年。

然而，自2000年以后，整个世界的运转速度明显加快。如果以上帝视角统计人类产生的所有信息量，你会发现，以2000年为分界点，人类信息量在2000年后经历了一个飞跃。

在过去的竞争格局中，你可以慢慢来，用数十年时间达到九十分。因为时代会给你这样做到九十分的机会。但在今天这个新时代,任何一个细分领域都至少有十个与你水平相仿的人。信息的大爆炸导致了无数人智力的迸发。过去只在少数人之间流通的智慧,现在通过各种实践社区和行动社群得到了广泛的展示。

因此,如果你想要长期胜出,就得建立一个生态系统。不再是高估自己的能力,而是要清楚地认识到,在你所处的细分领域里,那些和你水平相当的人是谁?联合其中的六七个人,去对抗剩下的两三个人。这已经成为未来生态链竞争日益明显的趋势。

这个生态系统重视的是"传承影响"。在未来更普遍的竞争格局中,"乱棍打死老师傅"是常态。那个"乱棍"就是由六七个人的联盟以及旁观者组成的生态链。老师傅们的修炼周期漫长,付出了巨大的心血。但在信息流通加速的时代,他们很容易被"乱棍打死",也就是说,竞争失败。

要提高传承影响力,最重要的是什么呢?一方面,需要从嫡系的能力区出发。假设有一位革命家发动革命,当地农民支持他,并不是因为他会舞文弄墨,而是因为他满足了农民的某些需求。这些需求既有精神层面的,也有经济层面的。基于这些需求,建立了一个生态系统,你帮我,我帮你。起初是一个小生态,逐渐变成了一个庞大的生态。首先满足农民的需求,进而发挥农民的能力,接着才可能迸发星星之火,形成燎原之势。

另一方面,需要识别和培养那些愿意付出并且拥有共同价值观的人。一个优秀的团队不仅需要技术实力,还需要共同的目标和价值观。只有这样,当团队面对困难时,才能齐心协力,共同解决问题。

6

综上所述，你在职场上的核心竞争力由四个关键维度构成，具体包括：

» 价值创造（Value Creation）：创造尽可能大的价值。
» 成本控制（Cost Control）：用尽可能低的成本创造尽可能大的价值。
» 持续稳定（Sustainable Stability）：能够抵御时间波动，持续用尽可能低的成本创造尽可能大的价值。
» 传承影响（Legacy Influence）：不仅自己能够抵御时间波动，持续用尽可能低的成本创造尽可能大的价值，而且能够培养弟子、学徒、门徒、下属等，使他们也具备同样的能力。

这些维度层层相叠，构成了你在职场上不可或缺的核心竞争力。将这四个维度的首字母组合起来，你可以将其简称为"VCSL模型"。V维度、C维度、S维度、L维度分别代表价值创造、成本控制、持续稳定和传承影响。

假设每个维度满分是10分，那么总分在1~3分为低，4~6分为中等，7~10分为较好。你可以根据VCSL四个维度给自己和他人打分，将分数相加后取平均值，然后转换为百分比。通过这种方式，你能计算出自己在工作中的综合竞争力。

以我那位CHO朋友举例，他就职于一家全球500强公司，在价值创造方面的贡献很大，因此在V维度上的得分是9分。他在成本控制方面也非常出色。记得一次聚会，他提到自己与其他人力资源总监的不同之处在于，他擅长用较少的人力成本完成大项目。尽管如此，由于他依赖大型组织来创造价值，不可避免地会产生较大的开销，所以在C维度上的得分是8分。作为人力资源总监联盟发起人之一，他在为社会创造价值的能力上相对稳定，不太受企业制约。但仍然存在被裁员的风险，因此在S维度上的得分是8分。然而，在传承影响方面，他面临一个较大的挑战，那就是缺少直接的嫡系学徒，也就是无论他去哪，对方都跟着走的这类弟子。尽管如此，通过培训和讲座，他将自己的技能传授给了其他人力资源总监，并在业内颇有影响力，因此在L维度上的得分是7分。

综合来看，他的核心竞争力得分是：$\frac{(9+8+8+7)}{40}=0.8$，转化为百分比是80%，处于较高水平。

你可以将自己与大七岁的职场前辈进行比较，这样便能理解该前辈的核心竞争力是如何形成的。每年年底，你也可以运用"VCSL模型"，从这四个方面回顾自己过去一年的职场竞争力是提高了还是下降了。

需要提醒的是，相较于面面俱到，更重要的是在某个维度上领先于社会平均水准2个标准差以上。职场高手多种多样，你不妨从自己最擅长的方向突破。

即使都是CEO，不同的人也会有不同的表现。例如，马斯克在价值创造方面更为出色，作为特斯拉和SpaceX的CEO，他在电动车和私人太空探索领域创造了巨大价值。库克则更擅长成本控制，作为苹果公司的CEO，他以卓越的供应链管理和成本控制能力著称。巴菲特则更擅长持续稳定，作为伯克希尔·哈撒韦公司的主席，他展现了出色的对抗时间波动和实现长期复利的能力。而杰克·韦尔奇则更擅长传承影响，作为通用电气前CEO，他成功培育了多位卓越的企业领导者。[2]

小　结

核心竞争力，源自价值创造、成本控制、持续稳定和传承影响这四个维度的共同作用。以价值为帆，成本为锚，稳定为舵，传承为风，祝你在变幻莫测的时代浪潮中稳健前行。

第三节　出奇：重新定义竞争

1

在社会竞争中，除了直接竞争之外，你还可以采取一些迂回的策略，这就是"出奇"。

我给你的第一个建议是：**缩小竞争的范围**。你经常会听到各种充满自我夸耀的营销口号。比如在新能源汽车行业中，某品牌可能宣称他们的新车是"全球唯一采用某种特殊电池技术的新能源汽车"。而在手机行业中，某个品牌可能宣称他们的新手机是"全球首款集成某项创新功能的智能手机"。这些营销口号通常会在"第一"这个词前面添加具体的定语，以此创造独特性和优越感。

虽然这种竞争策略并不总是能够获得消费者的认可，但它们的确构成了一种独特的竞争方式。问题是，有些定语是人为添加的，而有些定语则更容易获得公众的认同。那么，哪些定语更容易得到认同呢？

社会学家查尔斯·赖特·米尔斯（C. Wright Mills）在他的名著《社会学的想象力》中提出了"社会学的想象力"这一概念。根据米尔斯的理论，社会学的想象力是一种心智品质，它允许个人将自己的个人经历与更广泛的社会结构联系，从而理解两者之间的相互作用。[1]

在这个理论框架下，米尔斯这一派的学者进一步提出了两个概念："lived life"（经历的生活）和"told story"（讲述的故事）。前者指的是个人实际经历的生活，这部分是不可篡改的；后者则是个人对这些经历的叙述和解释，带有故事性，更容易被修改。[2]

显然，基于你实际经历的生活而形成的定语，相比基于你讲述的故事形成的定语，更容易获得自己和他人的认同。

那些确实经历过的生活，但在讲述自己的人生故事时常常被遗忘的事物是哪些呢？答案包括性别、出生年份、所在城市、家庭背景等，这些都是与你紧密相关且不易改变的事物。从这些真实且不易改变的事物出发，缩小竞争的范围，你会更容易得到认同。别人也更容易理解。

你可能很难成为"全中国最优秀的作家"，但你可以成为你所在城市最优秀的作家，就像山东高密的莫言和山西娘子关的刘慈欣一样。你可能在某些领域难以超越男性，但你可以成为第一位从事编程的女性、第一位登上太空的女性、第一位荣获诺贝尔奖的女性科学家。你可能很难超越前辈们取得的成就，但你可以成为自己同龄人的代表。

通过这种方式，你不仅缩小了竞争的范围，而且通过与独特身份相结合的定语，创造了一个更加真实且有说服力的人生故事。这样的竞争策略既贴近现实，又能激发你的潜力和创造力。

2

再来看看第二招：**与历史上的智者竞争，而不是与同时代的人竞争**。

20年多前，我初出校门就开始创业，为何较为顺利？答案在于，我在年轻时无意中选择了合适的对手。我当时从事的是心理测量软件的研发。通常情况下，懂心理测量的可能不懂计算机编程；而懂计算机编程的可能又不懂心理测量。

你在与谁竞争？如果你的对手是大学同学，你可能最关心的是买房、孩子上学的问题。如果你的对手是学界的教授，你可能最关心的是如何发表论文。如果你的对手是各位CEO，那么你可能关心的是公司的规模。

然而，一旦你选择了与同时代的人竞争，你就不可避免地会陷入绩效主义的怪圈。绩效主义是用数字或标签来评价自己或他人的一种做法。如果你是职员，你所在的机构有地位，你就有面子。如果你在学术界，发表论文多，你就有面子。如果你在商界，创造的利润多，你就有面子。这种做法非常常见，都是绩效主义的体现。所谓的绩效主义，实际上就是将自己和他人当作完成绩效的工具。最终，你会发现很难内心安宁，因为总有人比你做得更好。

如何才能摆脱这类恶性竞争？答案是不与同时代的人竞争，而是与历史上的智者竞争。具体该怎么做呢？以阅读和写作为例，在阅读时，你应该与作者平等对话，而不是单方面地仰视作者。

再以写作为例，你可以尝试在自己的文章中删除"知名、著名"等词汇。提到卡尼曼时,他只是一位心理学家,而不是"知名心理学家";提到道金斯时,他只是一位作家,而不是"著名作家"。

然而,问题来了:刚开始你并不具备与历史上的智者对话的能力,也不能理解他们高超的写作技巧,那该怎么办?

答案是让智者与智者竞争。你在20岁时,要挑出一位心理学教授的论证错误是极为困难的,更不用说像弗洛伊德、斯金纳这样的一流心理学家了。然而,你可以邀请凯利、班杜拉等智者来与弗洛伊德、斯金纳进行思想上的较量。他们在《个人建构心理学》和《思想和行动的社会基础》中批评了弗洛伊德和斯金纳的理论。这样,你是不是可以通过智者对另一些智者的反驳来逐渐辨识出一些规律呢?随着时间的积累,你是否记住了越来越多的反驳范式?

同样,在你开始练习写作时,你可能无法理解伟大作家的高超技艺,更不用说与他们竞争了。但是你可以通过阅读毛姆的《巨匠与杰作》、纳博科夫的《文学讲稿》和《俄罗斯文学讲稿》,以及阿西莫夫的《阿西莫夫论科幻小说》和《巴黎评论》等书籍,了解顶级作家眼中的顶级作家是什么样子的。通过这些阅读,你可以逐渐建立起与历史上智者对话的能力,并最终与他们竞争。

3

接着来看看第三招:**开创独特赛道**。这是我最喜欢的策略。

20世纪70年代,当迈克尔·波特刚到哈佛商学院任教时,整个美国管理咨询行业依然只重视成本领先策略,甚至不少教授与CEO认为这是唯一制胜策略。但是波特发现了其他两种被人们忽略的竞争策略:差异化和集中。差异化是让产品更独特,从而收取更高的价格;集中则是选择一个细分市场或利基市场,形成市场垄断以取胜。[3]

当差异化与集中做到极致,就相当于开创了独特赛道。在商业中,这样的案例随处可见。索尼公司开创了微单相机这一独特赛道,引领了互联网时代的数码摄像技术发展;特斯拉开创了新能源汽车这一独特赛道,引领了全球汽车产业转型;OpenAI开创了生成式人工智能这一独特赛道,引领了AI时代的来临。

实际上,这一竞争策略不仅仅出现在商业竞争中,在学术竞争上也比比皆是。如孟德尔之于遗传学,普赖斯之于科学计量学,皮尔士之于符号学,普林斯之于叙事学,贝特森之于家庭治疗。他们都开创了全新的领域。

那么,如何更好地开创独特赛道呢?秘诀在于:**技能组合**。做一个简单的数学题,假设两种技能可以组合出一种新的可能性,那么四种技能对应六种新的可能性;八种技能对应二十八种新的可能性;十六种技能对应一百二十种新的可能性。这样一来,你就更容易开创出只属于自己的独特赛道。

说个有趣的案例。十多年前,我们团队掌握了装修技能,记得当时我把市面上能找到的装修图书、装修行业上市公司的年报都研究了一遍。我旗下的一家心理健康公司顺势开展了装修业务——帮助全国各个高校、中小学的心理咨询室和心理咨询中心进行装修。

众多心理咨询室和心理咨询中心都是由我旗下这家公司负责建设的，涵盖了从心理健康软件、硬件设备到装修方案设计的全方位服务。

技能与技能的结合，会让你发现无数套利机会。即使是心理学与装修这样的技能也可以组合在一起，从事心理学的人可能不懂装修；从事装修的人可能不懂心理学。

4

最后，**不竞争也是一种竞争**。无论是良性竞争还是恶性竞争，竞争都会消耗你的人生资本，不仅会消耗资金这类经济资本，还会消耗信用、心力等其他类型的人生资本。因此，很多时候，放弃竞争反而是更好的策略。

以育儿为例。今天很多家长把育儿视作一场战争。你掌握了太多"武器"。你要成为一个对孩子的需求高度敏感的父母；你要对孩子的召唤作出及时回应——这些是西方儿童心理学提供的"武器"。你要重视教育，确保孩子能够考上好的大学——这些是中国传统观念提供的"武器"。

但是，育儿真的应该是战争吗？当你急忙"扛枪上阵"，当你"拿着屠刀出门"，你就陷入了一场可能永远无法摆脱的战争。如果你在路上与人发生冲突，本可以和平解决，但因为你拥有武器，对方看似软弱，那么一个本可以和平解决的小冲突，可能就演变成了一场流血事件。

我想说，育儿不是一场战争。它既不是你与孩子的战争，也不是你与其他家长的战争，更不是你的孩子与其他孩子的战争。在对待子女教育时，你可以选择将其看作一场游戏，而不是一场战争。有趣的是，心理学研究发现，小时候玩得越好的孩子，长大后的发展往往越好。[4]

实际上，不仅仅育儿可以放弃竞争，在日常生活中有很多事情也无须采取竞争姿态。那么，哪些事情更适合放弃竞争呢？

那些关乎自我成长的事情，如阅读与学习。我在《聪明的阅读者》一书的后记中写道："阅读时，你无须与人比较。阅读不是一种智识的炫耀，读书越多的人越意识到自己是如何浅薄；阅读也不是一种与他人的竞争，你不需要天天去打卡、晒朋友圈，与朋友攀比今天我读了多少本、多少页。"同样，我在《人生模式》一书扉页写道："如果只在不被辜负时去信任，只在有所回报时去爱，只在学有所用时去学习，那么就放弃了人之为人的特征。"[5]

那些关乎他人感受的事情，如爱情与友情。在与家人和朋友的关系中，竞争通常是有害的。你可以追求理解、支持和爱，而不是比较和竞争。我曾说过，陌生人关系是"合则来，不合则去"；熟人关系是"有恩报恩，有仇报仇"；但家人与朋友关系应该是"各尽所能，各取所需"。

那些关乎人类福祉的事情，如社会公益。《传习录》中有一段对话讨论了圣人的本质。希渊问王阳明，伯夷、伊尹等人的才能不同于孔子，他们怎能也被称为圣人？王阳明回答说，圣人之所以被称为圣人,并不是因为他们的才华,而是因为他们心灵的纯洁,他们完全按照自然的道理行事,没有私欲的干扰。这就像纯金之所以珍贵,是因为它非常纯净,没有掺杂其他杂质。如果一个人能做到心灵纯洁,完全按照自然的道理去行事,他就可以被称为圣人;金子如果质量非常纯净,它就是纯金。王阳明认为,比重量更重要的是纯度,一两良知与万斤重的良知同等可贵。这类事情显然不宜用竞争的视角来对待。[6]

小　结

重新定义竞争,亦是一种明智的选择。缩小竞争的范围,你更易绽放光芒。与历史上的智者竞争,你成长更快。开创独特的赛道,你可以在无人涉足的领域建立自己的王国。

然而,在某些领域,选择不竞争,本身就是一种高明的竞争策略。记住,你的人生除了竞争,还有爱与友谊。

第四节　竞合：与竞争者合作

1

2003年，刚开始创业时，我从事心理测量软件开发，还没来得及成立自己的公司。然而，一家机构客户已经找上门来，并下了订单。由于是机构客户，所以需要较为严谨的法务流程。但当时我还没有正式注册公司，该怎么办呢？

于是，我找到了一家当时的竞争对手寻求帮助。他们也从事与我类似的业务。

这听上去可能有些奇怪，我怎么能找竞争对手合作？对方怎么可能会答应？但事实上，对方的CEO爽快地答应了我的请求。因为当时这个市场较为小众，彼此都需要更多的客户来了解这个市场。

尽管由于竞争关系，我们的合作仅限于那一个项目，之后我们各自沿着不同的路径独立发展，在各自擅长的领域取得了一定的成就。前不久，那家公司经历多年发展，正式上市。

与竞争对手合作，是商业世界的一种常态。苹果公司和微软公司看似处于竞争关系，然而，苹果公司在身处困境时，接受了微软的投资，之后渡过难关。目前苹果软件生态中，依然可以看到微软的相关软件，比如Office套件等。同样，尽管苹果的iOS和谷歌的Android是竞争关系，但苹果的iOS设备长期以来一直预装谷歌的搜索引擎。另一个众所周知的例子是，尽管苹果的iPhone和三星的手机存在竞争，三星却是iPhone屏幕的供应商之一。苹果公司虽然看似独立且封闭，但在其发展历史上也曾多次与竞争对手合作。

竞争对手之间的相互合作，大多基于直接的利益关系。例如，索尼和松下合作制定了蓝光技术标准；福特和通用合作开发了自动变速器。然而，也有一些以开放而著称的公司，为了人类整体利益，与所有的竞争者合作。比如，特斯拉开放了其专利给同行使用；Meta将其耗资巨大研发的大模型Llama开放给业界同行。

与竞争者合作，这种思维，就是"竞合"。

2

那么，如何更好地与竞争者合作呢？我将其总结为三个要点，接下来逐一阐述。

第一个要点是，明白自己参加的是什么类型的竞争。有些竞争是少数胜者独占所有奖励的类型。比如，奥运会就是这样，金牌得主获得几乎所有的关注和奖励。而有些竞争是所有参与者都能获得奖励，只不过成绩越优秀的人获得的奖励越多，成绩较差的人获得的奖励也相应减少。比如，阅读就属于这一类型，每个投入阅读的人都会有所收获，阅读得越多收获越大，即使阅读较少也能受益。

你可以用数学分布曲线来表示参与者与奖励的关系，前者对应幂律分布，也称为二八分布；后者对应正态分布或类似的偏态分布，通常分为左偏态和右偏态。

通常情况下，在幂律分布的竞争中，与竞争者合作较为困难，因为这往往是零和游戏。因此，单人竞技体育活动更强调个人之间的竞争；而双人或团队竞技体育活动更强调团队之间的竞争，合作通常发生在团队内部。而在正态分布的竞争中，与竞争者合作更为容易，因为大家并非生死相搏的对手。文学史上就有许多作家互相帮助的例子，如英国诗人柯勒律治和华兹华斯，他们合作创作的《抒情歌谣集》对后世的英国诗歌产生了深远的影响。进入21世纪的学术研究领域，研究者们常常相互合作，许多论文都是多个研究组的共同成果。

那么，哪些活动更容易演化为幂律分布，哪些则趋向于正态分布呢？答案是，那些绩效容易客观评定的领域更倾向于幂律分布；而那些绩效难以客观评定，更依赖于社会主观评定的领域，更倾向于正态分布。

你很难说这本书比另一本书好多少，但你很容易判断谁跑得更快、跳得更高、游得更远。假设你是一名短跑运动员，百米短跑的世界纪录是由牙买加的博尔特在2009年8月16日创造的9秒58。如果你打破了这项纪录，你就能获得所有的荣誉；如果没有，那么你可能就默默无名。

多数人创作的作品，通常处于绩效客观评定与社会主观评价之间。那么，一个巧妙解是与竞争者合作，创作那些容易被他人引用的作品。以学术竞争为例，我们很难评价一个研究者的工作质量，但如果这位研究者与其他同方向的研究者合作，发布自己领域内的基础软件、基础数据等，那么这些成果就容易成为该领域的基础工作，被广泛引用。在某种意义上，它们既是绩效客观评定的胜出者——论文引用数较高，也是社会主观评价的胜出者——因为大家天天使用你开发的这些基础设施。

有趣的是，在互联网时代，一切数字化的过程使得原本难以客观评定的领域开始变得数字评定导向。例如，网络小说写作本来是一件个性化强、主观性强的事情，难以进行客观评定。然而，在互联网时代，一切变得更加透明。可以衡量一本书的数字变得越来越明显，如销量、月票、打赏、盟主等等。最终，网络小说这个行业逐渐从正态分布转变为幂律分布。头部作者拿走了一切，而大多数作者则默默无闻。不仅网络小说平台如此，音频平台、播客平台、短视频平台、直播平台同样如此。

这究竟是好事还是坏事？对于内容平台方来说，这是好事，因为它们的营收规模扩大，更易于管理，头部创作者的示范效应也激励了更多的尾部创作者不断贡献内容。但对于创作者来说，这并不一定是好事，因为你可能劳累多日却一无所获。

如何摆脱这类平台陷阱？不再幻想自己会变成内容平台上的头牌，而是选择一些正态分布的竞争活动来参与。同样是写小说，你可以不在平台上写作，而是直接考虑出版，这样你必然有所收获。同样是做播客，你可以不在播客平台首发，而是维护一个独立的播客网站，一个没有任何排行榜数字的地方。

微妙之处在于，经营一个独立内容小站，可能仅需1000位铁杆粉丝，你就能过上不错的生活。当独立内容小站发展成大型内容平台时，尽管收益可能大幅增加，却伴随着成本开销的急剧上升，且收益并不会平均分配给每位创作者。最终，平台上的头部创作者独占了所有收益，而其他创作者几乎一无所获。

我创业20余年，从不参与幂律竞争。即使竞争对手再强大，我的产品和服务也能卖出去，我选择的项目无一例外都是这一类型，我从一开始就远离那些头部选手可能独占整个赛道的项目。别人的成败与我无关。这样做，我才能更容易地按自己的节奏前进。

3

第二个要点是，超越二元对立。

在人们的头脑中，常常有一种明显的二元对立观念，要么竞争，要么合作。竞合，超越了二元对立，代表着一种更高级的思考方式。

其实，这种高级思维，小孩子很小的时候就具备了。

记得有一次，我带三岁多的女儿小阳去学画画。她看到大厅高处挂着很多画，然后指着最高处的画，问美术老师：那是什么意思？

美术老师解释说，那是画得最好的同学的画，才能挂在那里。然后她开始上课。下课时，美术老师问小阳，你今天画的画真棒，可不可以帮你挂在最高处？

小阳：不可以。

美术老师：……

老师进一步解释说：画得好的同学才可以挂在最高处，我是喜欢小阳的画，才想帮你挂上去。

小阳：我知道我画得很棒，但我还是要带回家。

美术老师、我与她再沟通了一轮，发现她还是坚持，那就让她带回家吧。

一般的小孩会陷入二元对立的陷阱：要么带回家；要么不带回家，挂在最高处，承认自己画的画是最棒的。而小阳却选择了第三个选项：我画得很棒，但我还是要带回家。

她已经知道"我画得很棒"，但没必要通过外部展示来确认自己作品的价值，更没必要让自己的作品成为竞争的工具。相反，带回家，改变了美术老师的游戏规则，给自己的作品增加了新的价值——让家人分享我的喜悦。

对于小孩子来说，她们自然而然就拥有了超越二元对立之外的思维。然而随着我们一天天长大，我们却日渐失去了这种思维。

那么，成年后如何逃离二元对立呢？有三个巧妙的做法：三分法、2*2矩阵与阴阳思维。

三分法：一生二，二生三，三生万物。如果不是二元对立，而是三分，那么会是如何呢？要么是竞争者、要么是合作者，这是二分法，那么引入三分法后，是否会变成：竞争者、合作者、竞合者？

2*2矩阵： 任何事物，都是由正反两种不同力量推动。如果引入另一种视角呢？是否就变成了一个2*2矩阵？假设一个维度是竞争强度（高竞争 vs. 低竞争），另一个维度是合作程度（高合作 vs. 低合作），那么就可以得到以下四种情形：（1）高竞争-低合作：传统的零和游戏，参与者只关注自己的利益，如价格战。（2）高竞争-高合作：共同标准的设立，如多家公司合作开发USB标准。（3）低竞争-高合作：战略联盟，如航空公司的星空联盟。（4）低竞争-低合作：独立运作，各自发展，如特定的小众市场。

这样是否容易绕开传统观念的陷阱，看到一个更大的世界？

阴阳思维： 阴的极致是阳，阳的极致是阴。正如中国古典文化中的阴阳太极图所暗示的，你也可以采取阴阳思维来面对竞争、合作。阴阳思维本质上反映了三阶思考逻辑。

一阶：阴是什么？阳是什么？事物由什么要素构成？具体到竞争合作上，谁是我的竞争者？谁是我的合作者？

二阶：阴的阴是什么？阳的阳是什么？事物的事物是什么？具体到竞争合作上，我的竞争者的竞争者是谁？我的合作者的合作者是谁？

三阶：阴阳如何相互转换？事物的未来发展方向是什么？具体到竞争合作上，哪些竞争者可能会变成我的合作者？哪些合作者可能会变成我的竞争者？

4

第三个要点是引入新的参与者,比如新的客户、新的供应商、新的互补者,甚至是新的竞争者。

在1996年,两位博弈论学者亚当·布兰登勃格(Adam M. Brandenburger)和拜瑞·内勒巴夫(Barry Nalebuff)合著了《竞合策略》一书。这本书是该领域的开创性作品。他们在书中介绍了价值网的概念,将传统的竞争战略分析扩展到了多个价值链交织成的网络。他们根据不同的竞合关系,创新性地将商业活动组织成一个以公司为中心的十字架模型,其他四个象限分别是竞争者、客户、供应商以及互补者。[1]

一旦将两位学者的创新思想从战略管理领域引入到人生发展中,那么,我们就会形成全新的视角,如下图所示:

竞合游戏的参与者

对个人来说,客户是指接受你工作成果并为之付费的人。供应商则是那些能够减轻你工作负担、提高工作效率的人。互补者是与你的工作输出紧密相关的人。如果你是一名作家,你的客户可能是购买你书籍的读者或付费出版你书籍的出版社。供应商可能是提供研究资料的数据库或是写作软件的开发商。互补者则可能包括编辑、设计师和市场营销人员，他们与你的作品紧密相连，共同提升作品的质量和销量。

在人生发展的各类竞争中，我们常常忽略引入新的参与者。很多时候通过引入新的客户，你以前的竞争对手就可能变成合作者。通过引入新的供应商，你可以与以前的竞争对手共同分担成本。而引入新的互补者，则可以显著降低你的工作强度，提高产出，有时候，竞争对手本身甚至可以成为你的互补者，一起开拓新市场。

另一个值得提醒的要点是，每当引入新的参与者时，都要思考这是否改变了游戏规则？规则改变后，谁可能成为赢家？谁可能会输？你应该尽量通过有创意的方式设计规则，以达到多方共赢的局面。

小　结

竞争与合作并非水火不容，它们像阴阳一样相互交织。你应该拒绝参与那些赢家通吃的竞争，并尽量避免用数字来锚定你的成就。通过三分法、2*2矩阵、阴阳思维，你可以超越二元对立的局限。同时，你还应该不断地引入新的参与者，认识到任何价值网络中不仅存在竞争者，还有客户、供应商、互补者等多种角色。

第八章

世界：观察、理解与实践
如何认识世界、解释世界与改造世界？

第一节　心念世界、现实世界与真实世界

1

你是否熟悉这些词汇：兴趣、爱好、激情、梦想、责任、灵感、内心满足、自我实现、自我驱动、内在动机等？也许有人不断向你强调，这些词汇对于职业发展的重要性。

然而，你是否注意到，这些词汇多半是从个人视角出发的。职业发展复杂之处在于，我们还受到社会结构的制约，这就是我们在第七章中探讨的"社会竞争"。我们还生活在真实世界中，水往低处流，人往高处走，我们受到自身想法之外的物理法则与社会规则的制约。

回顾大多数人的职业发展，你会发现一个隐隐约约的规律。当你处在不同的位置时，你需要考虑的问题的方向大不一样。当你身处低位时，你更多需要考虑的是个人奋斗。如果你比同事或同龄人更努力，就更容易脱颖而出。

当你身处中位时，你更多需要考虑的是平台与机会。此时，你会发现你的个人奋斗对你的职业发展影响变小了，你是否加入或创立了一个最适合自己的平台，以及你是否获得了足够的机会，这些

因素对你的职业发展的影响越来越大。

而当你处于高位时,你更多需要带领团队与他人竞争,此时,你对社会结构与世界规律的理解深深地影响你的成就。你的瓶颈不再来自个人的努力程度,而是来自你对社会结构的理解,以及你与世界相处的方式。在第七章中,我们探讨了"社会竞争",而在本章中,我们将探讨世界观的问题。

2

什么是"世界"?在中国古典哲学中,"世"指的是时间,"界"指的是空间。一念一世界,花花世界,三千世界。因为时空囊括了一切,所以人们常常将"世界"理解为"人类社会和自然界中一切事物的总和"。

这里出现了一个有趣的问题,大大的世界,小小的我,世界能够被你完全感知吗?其实并不能,你能感知到的世界可能只是世界的某一个片段。从感知的角度来说,存在三个不同世界:心念世界、现实世界与真实世界。如下图所示:

心念世界
主观存在

现实世界
主观感知到的客观存在

真实世界
绝对存在

三个世界

心念世界是主观存在，它是由你自己的认知构建的主观世界。现实世界是主观感知到的客观存在，它是我们通过感知和理解所构建的对客观世界的理解和描绘。而真实世界则是无论我们是否感知或理解，始终存在的绝对实体。真实世界在不同的哲学和宗教观念中有着不同的解释。在柏拉图的理念论中，它是永恒不变的理念或形式；在佛教中，它是超越生死轮回的涅槃或无固定自性的"空"；在印度教中，它是超越时间和空间的梵，或是个体灵魂与宇宙灵魂的合一。

从感知的角度来说，心念世界是因你而存在。有了你，才有了你的心念世界，正如王阳明在《传习录》中答学生所言："你未看此花时，此花与汝心同归于寂。你来看此花时，则此花颜色一时明白起来。"[1] 现实世界是有条件的客观存在，这个条件就是能被人类大脑感知到。只是，这个人可能是你，也可能不是你，正如荀子所言："天行有常，不为尧存，不为桀亡。"[2] 真实世界则是无条件的绝对存在，无论我们所已知的世界，还是我们所未知的世界，都是真实世界投射的影子。

有多少人，就有多少心念世界，所谓"一念一世界"；现实世界正是那"花花世界"，引人留恋，令人沉醉；真实世界则是三千世界背后唯一的道，那永恒的存在。

3

如果从我提出的"人生发展学"的角度去理解，世界又将呈现何种面貌呢？

在人生发展学中，有一个极其关键的概念——"情境行动周期"。它描绘了一个人从情境到行动的过程。如下图所示：

情境 → 感觉（内/外感受）→ 认知（个人概念）→ 情绪 → 行动

情境行动周期

情境：什么是情境？情境是指能被大脑感知到的客观环境。人处在情境之中，也就是此时此刻、某人某事。你在什么时间、什么地点，与什么人一起做什么事。这些因素共同构成一个完整的情境。

感觉：情境会引发我们的感受。既有来自视觉、听觉、嗅觉、触觉以及味觉等感官的外感受，也有来自对自身血液循环、心脏跳动等身体内部器官运动的内感受。

认知：大脑会对这些外感受、内感受加工。其中最常见的一种信息加工机制是对比。"未知生，焉知死？"[3]同样，没有黑，你就无法认识白。你的大脑通过对比不同情境给予的感受，从而区分出各种差异，最终形成一个又一个"个人概念"。试想一下，用不同的语气来说："你怎么不重视我的感受？"这句话。可能在你刚谈恋爱时，你的爱人对你说这句话的语气相对温柔，而在工作上，你的同事对你说这句话时语气可能会更加强烈："你怎么不重视我的感受！"

只有经历了两种不同的情境，你的大脑才能形成一个温柔的形象和一个凶狠的形象，这就是两种不同认知的对比。你的大脑通过无数次这样的对比操作，从而得以形成一个又一个"个人概念"，最终再组合在一起，构建出对世界的完整认知。

行动： 因为你的大脑中储存了这么多的认知，当下一次遇到类似情境的时候，你会在大脑中快速调用相应的个人概念，从而指导你的下一步行动。遇到温柔的爱人，你可能会微笑；遇到凶狠的同事，你可能会愤怒。

情绪： 情绪也属于"个人概念"，它是一类极其重要的"元概念"，会影响你的行动。原本是一分的负面反馈，可能会被消极情绪放大为三分。而积极情绪对行动的增强则不如负面情绪明显，原本是5分的正面反馈，可能只会被积极情绪增强为5.5分。这是因为大脑的进化使人类对危险的事物更敏感，而不是对积极的事物更敏感。

通过这个介绍，我们可以看到，情境行动周期中的"情境"更侧重"现实世界"；"认知"更侧重"心念世界"。而"感觉""行动"扮演了不同世界的桥梁作用。"感觉"联系现实世界与心念世界；"行动"联系心念世界与现实世界。如下图所示：

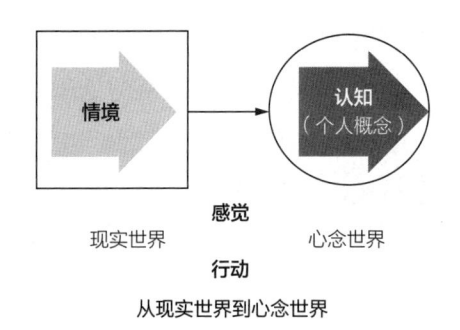

情境　→　认知
（现实世界）　　（个人概念）

感觉
现实世界　　心念世界
行动

从现实世界到心念世界

4

为何有的人得天独厚，有的人却命运多舛？这个话题也许沉重，不妨换一个轻松点的：为何有的人一直享受单身生活？有的人却早早步入婚姻。是什么造成这些差别？解释角度有很多。有经济学的解释，或许是收入高低影响婚姻；有心理学的解释，也许是某些人更渴望亲密关系；还有社会学的解释，比如某些社会结构，更容易导致早婚早育——如果你出生在重视生育的地区或家庭，那么父母通常都会催你早婚早育。

然而，最容易被忽略的，却又无处不在，与我们每个人都息息相关的一个角度是什么？答案是世界观。一个突出的现象是，很多时候，我们明明应该重视现实世界，然而实际上的决策却总是从心念世界出发。很多人在人生发展时，没有留意到，自己决策的依据是来自心念世界还是现实世界。

那么，我们究竟应该如何建构一个更好的世界观呢？能够帮助我们更巧妙、更高效地认识世界、解释世界、改造世界呢？虽然这个问题看似复杂，但我们可以简化它。我们可以将认识世界、解释世界、改造世界的过程简化为三个步骤：观察、理解、实践。认识世界是观察，解释世界是理解，而改造世界则是实践。

接下来，我们逐一讨论，在观察、理解和实践上，我们可以做些什么来建立更好的世界观。

小　结

　　心念世界，变幻无常；现实世界，客观有限；真实世界，永恒如一。在人生的旅途中，我们透过感受、认知与行动，在这些世界之间不断穿梭。

第二节　深描式观察：增进层次与沉浸感知

1

我们先来讨论"观察",也就是你如何认识世界。每个人在观察万事万物时,最习惯的方式是"找不同"。当你谈论爸爸与妈妈时,他们一位是男士,一位是女士;一位习惯使用iPhone手机,一位热爱使用安卓手机,在你的头脑中,马上浮现出大量不同。这是人类最熟悉的观察世界的方式。

因为只有通过"找不同"这样的对比机制,你才能在头脑中成功地建立个人概念或认知。这种方式是人类大脑工作的底层机制,它带来了一种"随机散点的观察"。这种观察世界的方式指的是我们在某一时刻观察某件事情,然后在另一时刻观察另一件不相关的事情。如下图所示:

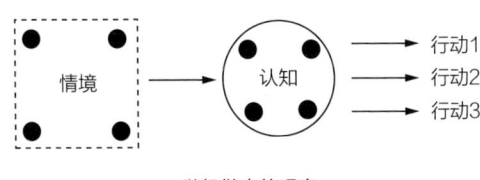

随机散点的观察

这是人类在日常生活中最常用的观察方式，它是随机且不连续的。这种方式有很多优点，例如让人们能接触到各种不同的信息，建立广泛的知识，保持好奇心。

2

然而，从世界观的角度来看，这种方式也会使人们的认识变得片面和碎片化，因为你可能会忽略关键信息，脱离实际情况的上下文。更严重的问题是，它可能会让人们把本来不相关的事物联系在一起。例如，在四个不同的情境中，你可能会获得四种不同的认知，但在大脑中，你可能会把这四种认知混合在一起，最终指导你的行动。比如有人去买彩票，因为他今天出门买彩票时先迈出了左脚，所以他中奖了。然后他下次买彩票时就会考虑是先迈出左脚还是右脚。

这种"随机散点的观察"在人类的日常生活中非常普遍，但它使我们很难清晰地把情境、认知和行动连贯起来。原本可能是：情境A导致认知a，进而引发行动1；情境B导致认知b，进而引发行动2；但结果可能出现错配，如情境A导致认知b，进而引发行动2。

另一个严重的问题是，这些从情境、认知再到行动的认知链条各行其道，导致头脑无法形成一个深刻的观察模式。也就是说，你的大脑中可能有成千上万个信息碎片，每次调取哪一个碎片完全取决于偶然。今天心情好可能调取的是一个碎片，明天心情不好可能调取的是另一个碎片。

3

更好的做法是什么？我将其称为"深描式观察"。

众所周知，人类学家是观察世界的行家里手。你既可以在贝特森的《纳文》中体验雅特穆尔人的庆祝仪式，也可以在列维-斯特劳斯的《忧郁的热带》中探访南美原始部落风情；还可以在费孝通的《江村经济》中了解你所忽视的中国乡村生活。[1]而"深描式观察"正是源自人类学家的贡献。它目前可以说是人类学家的基本共识之一。

"深描"这一概念由人类学家克利福德·吉尔茨（Clifford Geertz）提出，更早的源头则可以追溯到英国哲学家吉尔伯特·赖尔（Gilbert Ryle）。它指的是在文化研究中，不仅简单描述，而是要揭示背后的文化意义、背景和语境。

吉尔茨在其经典名著《文化的解释》中收录的一篇论文《深层游戏：关于巴厘岛斗鸡的记述》就是一个进行"深描"的良好例证。[2]第一层，你看到的也许是直接的戏剧形态——热闹而颇受关注的斗鸡场面。第二层，也许你看到的是斗鸡所代表的隐喻的内涵——男性气概、地位、自尊等，"表面上在那里搏斗的只是公鸡，而实际上却是男人。"第三层，也许你看到的是社会场景——羽毛、血液、人群和金钱展示了巴厘岛人的一种社会生活。

什么是"深描式观察"？我们借用来自人类学的"深描"概念，专指深入地观察，看到更多层次、更复杂的世界。这个概念与人类学的"深描"有相似之处，但也有独特性。它们的共同之处在于都强调更深入地观察和理解事物，不满足于表面现象，而是深挖背后的意义、文化和语境。不同之处在于，"深描式观察"更强调从心念世界、现实世界与真实世界的不同角度来认识世界，而不仅仅局限于社会文化层面的描述和记录。

"深描式观察"与"随机散点的观察"最大区别是什么？如下图所示：

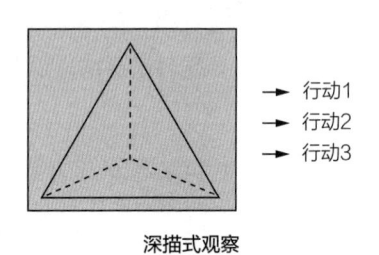

深描式观察

这张图强调了我们每个人实际上都生活在情境这个容器之中，原本情境给予我们是随机散点式的认知，但现在我们可以将其组织在一个更有张力的容器中，从而引导我们的行动。

4

如何更好地进行"深描式观察"呢？有两个重要的技巧：**增进**

层次与沉浸感知。

我们先来看看"增进层次"。人类学视角的"深描"强调从文化的不同层次来逐层递进。然而，只关注文化层面的递进，实际上意义并不大。我们更应该关注从心念世界到现实世界，再到真实世界的递进。如下图所示：

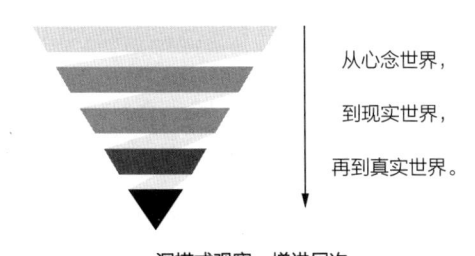

从心念世界，
到现实世界，
再到真实世界。

深描式观察：增进层次

例如，如果你想了解管理咨询这个行业，你不仅需要了解管理咨询师的信念、价值观等，你还要观察管理咨询师在现实世界中实际是如何做咨询的，你还需要了解咨询背后那些永恒不变的事物是什么。多数人无法实际接触到真实世界，而只能近似地触摸到真实世界中一些永恒不变的存在。这些近似体验，常见于哲学类著作。

心念世界、现实世界、真实世界，一旦对事物的观察触及多个层次，那么就容易形成一个有张力的观察。试举一例。这是诗人海子的一首诗《我飞遍草原的天空》的末尾四句。

今天有家的 必须回家
今天有书的 必须读书

> 今天有刀的 必须杀人
> 草原的天空不可阻挡 [3]

"今天有家的 必须回家"这句话没什么问题，每个人都渴望回家。"今天有书的 必须读书"这句话也没什么问题，因为每个人都喜欢阅读。但是，第三句话"今天有刀的 必须杀人"，这时诗歌给你的感觉大为不同。

一个暴躁而心有不甘的诗人形象跃然纸上。但这种暴躁不同于李白在《侠客行》中描绘的侠客形象，即"十步杀一人，千里不留行。事了拂衣去，深藏身与名。"[4] 海子以"回家"为第一句，暗示了诗人的退缩。这首诗写于1988年，而在次年，海子不幸卧轨自杀。

原本看似常见的阅读行为，竟然与"杀人"关联，并且海子通过三个"必须"形成了一种坚定而不可置疑的语气。在伟大的诗人或小说家的作品中，我们常常可以看到这类例子，他们构建了一个又一个更有张力的世界。某种意义上，这些例子都是"深描式观察"的绝佳示范。

5

"沉浸感知"是另一个重要的技巧。这意味着你需要真正地投入到情境之中，与情境融为一体，而不仅仅是作为一个情境的旁观者。如果你正在研究某个行业，你不仅需要阅读这个领域相关的著作，你更需要学习他们的语言，参与他们的日常活动，甚至与他们共同生活一段时间。

如果仅是情境的旁观者，你可能会感知到各种物体的形状，如三角形、圆形或正方形。你也可能会感知到物体的色彩所带来的情绪变化，例如红色可能让你感觉到积极，蓝色可能让你感觉到消极。然而，这些依然是"随机散点的观察"，它们不如情境本身重要。不妨放慢时间，打开感官，让自己沉浸在情境本身中，感受那些真实的生活。

现在，我们一起来欣赏一首诗。它出自日本诗人小林一茶，题为《在这人世间》。

> 我们在世上，
> 边看繁花
> 边朝地狱行去。[5]

这是他的一首非常有名的俳句，我们挑选的是由周作人先生翻译的版本。先看一下诗中的"在""看""行"这几个词，你会发现，他在这短短的一首诗中，已经囊括了多种感知。我们生活在世界上，看见繁花，然后朝着某个目标前进。他在诗中从多个方向描述了这些感知。"在"是平行的方向；"看"是向前的方向；"行"是运动的方向。

接着，我们再看一下诗中"世上""繁花""地狱"，这里面又出现了不一样的感知。世间繁花似锦，这是一种昂扬向上的感知；然而，地狱却是一种阴郁恐怖的意象。普通人或许能轻易地写出"我们在世上，欣赏繁花"这样的句子，但较难写出"边看繁花，边朝地狱行去。"这样的句子。诗人小林一茶用一种极具张力的方式，传递了较为复杂的感知。身为作者，如果观察世界不够仔细，其实较难体验类似复杂情绪；同样，身为读者，如果匆匆忙忙阅读，那么同样较难体会作者表达的复杂情绪。

在中国古典文化中，有不少方法可以帮助人们沉浸在情境之中，更好地感知这个世界。例如琴棋书画、插花茶艺等。然而随着历史的沉淀，这些原本帮助古人"沉浸感知"的方法，叠加了烦琐的流程，变成了沉重的文化包袱。其实，你并不需要那么严丝合缝，遵守各项流程。只要你的心慢下来，沉浸在这些美好事物之中，就自然能体验到情境中一些更细微、更复杂的感受。

小　结

纷繁世界，人们寻异为镜，然而，这种"随机散点的观察"，却令人迷失于表象的迷宫，忽视了深层的脉络与背后的意义。

不妨采用"深描式观察"，它不仅逐层深入，从心念世界到现实世界，进而抵达真实世界，探寻事物的本质与永恒；并沉浸其中，放慢脚步，体验那些更为细腻和复杂的情感。

第三节　全局式理解：跳出圈外与整体一致

1

接着，我们再来讨论"理解"，也就是你如何解释世界。一个典型现象是，人们在解释世界时，倾向于以自己为中心出发。这种现象我们称之为"自我中心的理解"。如下图所示：

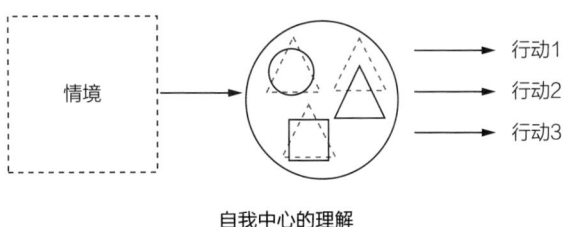

自我中心的理解

"自我中心的理解"是指你在解释世界时，以自己的经验、感知和观点为中心，对周围世界发生的各种现象进行解释。它的优点是较为直观，并且更能反映你的感受和偏好。

然而，它的缺点是视角有限和主观性强。视角有限：由于从个人视角出发，可能会忽略他人的感受和观点，从而导致对世界的理解广度与深度不足。主观性强：由于过于依赖个人的感受和偏好，可能会忽略或误解不符合个人经验的那些信息。

用情境行动周期来表示"自我中心的理解",那就是我们在情境中感知到的任何事物,无论是三角形、圆形还是正方形,在我们大脑中都会被处理成我们最熟悉或最擅长处理的形状。这类解释世界的方式,实际上将一个非常错综复杂的情境,用我们最擅长的方式,加工成一个单一的方向,然后用这个单一的方向来指导我们的行动。这种解释世界的方式其实是高估了自己的理解能力,低估了生物世界、物质世界和信息世界的复杂性。

事实上,物种兴衰、星辰起伏、世事变迁,世界上无数事物都有其自身的规律,并不受你的影响。我们每个人在世界上,或许仅仅是一个极其渺小的存在。

2

那么,有没有更好的做法呢?那就是——"全局式理解"。什么是"全局式理解"?它是一种从宏观角度,将各个部分、各个因素综合考虑,对世界进行理解的方式。这种方式强调整体的解释性框架,而不仅仅是局部或单一的视角。

然而,这里存在一个技术上的困难,那就是我们每个人只有一颗大脑。无论你如何追求全局式理解,你在情境中感知到的三角形、正方形、圆形最终都会被你的大脑加工。

因此,人类很难摆脱大脑的局限,很难获得真正的全局式理解。你无法像真实世界的神一样俯视众生，因此很多人会放弃努力。而对那些持续不懈努力的人来说，这个问题则可能有些残酷，因为他们可能需要像叔本华、康德等哲学家一样付出一生的努力，才能稍微触摸到真实世界的一些运作规律，然后用人类有限的文字能力把它表达出来。而这种表达在百年后可能会被新一代的哲学家质疑、推翻。

那么，对绝大多数人来说，更好的做法是什么呢？你不需要追求一个绝对的全局式理解，而应该追求一种相对的全局式理解，尽量靠近真实世界。既不是像普通人那样完全不考虑真实世界，也不是像哲学家那样追求理解绝对存在。对于绝大多数人来说，获得一个近似的"全局式理解"就已经足够了。接下来，我们来看看具体的做法。

3

如何获得近似的"全局式理解"呢？有两个重要的技巧：**跳出圈外**与**整体一致**。

我们先来看看"跳出圈外"。佛教有言，跳出五行外，不在三界中。实际上，如果我们想要获得近似的"全局式理解"，也需要跳出生物世界、物质世界和信息世界的束缚。如下图所示：

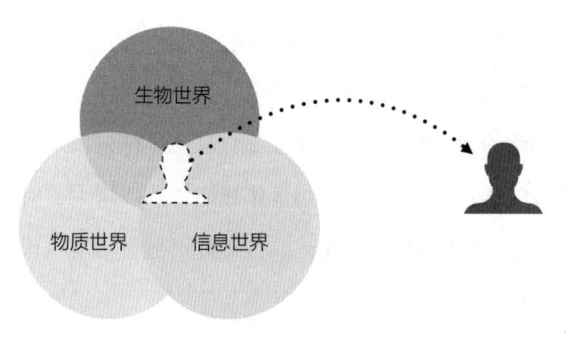

全局式理解：跳出圈外

我们所谓的"跳出"，是一种极其短暂的状态，也许只能持续几秒、几分钟、几小时。人际关系将我们拉回生物世界，地球上的重力将我们拉回物质世界，手机上的消息又会将我们拉回信息世界。然而，即使是短暂的，这种"跳出"的状态对你的人生发展必然会有启发。

我想分享一句我常说的话："如果这件事没有我，会怎么样？"我们很多时候其实过于关注自己。我曾经在管理公司时，最喜欢做的一件事情是什么呢？调整组织结构。从23岁创办第一家公司，一直到39岁，整整16年，我花费了不少时间去调整组织结构。例如公司下设事业部一、事业部二，以及他们下属的公司和小组。每次调整组织结构，我似乎都会有一种成就感，仿佛我能够改变某个项目或参与同事的命运。

但是，自从39岁之后，我发现这其实是毫无意义的。为什么呢？39岁之后，我升级为父亲了，我突然明白了："如果这件事没有我，会怎么样？"我发现我的女儿并不那么在乎父亲是否存在，因为她还有妈妈、姥爷、阿姨等无数人的陪伴。即使没有我，孩子的成长也很好，有了我在，事情可能反而会变得更糟糕。所以，这时候我开始意识到，有些事情没有我，可能会更好。这时，我在管理和领导力上反而开始提升。

我们可以用这个逻辑推演一下，如果这个项目没有我，会怎么样？如果这家公司没有我，会怎么样？如果生物世界、物质世界和信息世界没有我，会怎么样？这个时候，我们需要让自己暂时后退一步，反而可能会使我们真正前进两步。这就是我所说的"跳出圈外"的做法。

4

"整体一致"是另一个重要的技巧。现实世界纷繁复杂，在生物世界中，你是一个人；在物质世界中，你可能正在倾听我的演讲；在信息世界中，你可能正在接受一些观念。

来自不同世界的观念可能会相互冲突，你会发现保持整体一致性至关重要。一个常见的现象是，生物世界中，同事们的节奏很慢，而你在信息世界中每天都接收到高密度的信息，在物质世界中资源又比较匮乏，这种情况下，你可能会很快选择离职。

格式塔心理学有一句名言："整体大于部分之和"。[1]我们在不同的世界感知到的碎片，其实都不如保持"整体一致"。这就是说，我们应该从宏观的角度去理解和处理问题，使各个部分和整体保持一致性和协调性。如下图所示：

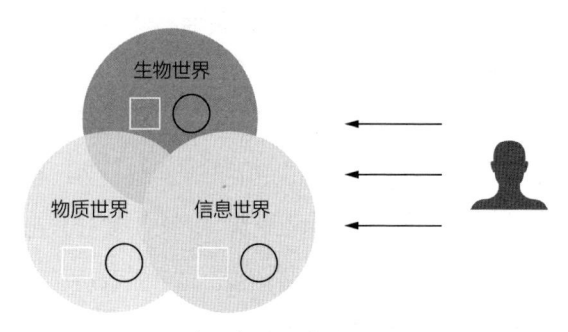

全局式理解：整体一致

我们可以用一个比喻来理解，假设我们正在设计一座大型购物中心。"全局式理解"就是在设计过程中不仅要考虑每个店铺的布局和功能，同时也要考虑如何使这些店铺与整个购物中心的主题和设施（如停车场、卫生间、休息区等）保持一致。这样，不仅每个店铺能够独立运作，而且整个购物中心作为一个整体也能有效运作，为顾客提供一致的购物体验。

我们可能容易低估设计的力量。我们总是希望自己变得更聪明、更勤奋，但有时候追求美感和设计感反而更为重要。

实际上，你会发现自己能减少大量的无用功。例如，如果你按照整体设计的原则，你可能可以省掉大量工作，这反而比你在部分上努力工作所带来的成效更好。

小　结

追求全局式理解，意味着跳出自我中心的狭窄视角。"如果没有我，世界会怎样？"跳出圈外，退一步反而更易海阔天空。"整体大于部分之和"，整体一致，则意味着追求各部分与整体之间的协调。

第四节　适应式实践：最小阻力与远离险地

1

最后，我们来讨论"实践"，也就是你如何改造世界。在改造世界时，一个典型现象是人们喜欢"撞南墙"，明明此路不通，但非要一再重复相同的错误，这种现象，我称之为"僵化不变的实践"。

回想起那些我们做过的蠢事，我们可能会感到惊讶。为什么我们总是不断地重复类似的错误？许多人在回忆这些经历时，常常会提到一些特定的理由。

有人说，他们"撞南墙"的原因是童年阴影，例如被初中的某位老师虐待或者遭受校园欺凌，从而对学校产生了深深的恐惧。

有人说，他们"撞南墙"的原因是遇人不淑，比如在工作上碰到可怕的老板、可恶的同事；在婚恋上碰到糟糕的伴侣，从而使得他们对人际关系失去信任。

那些曾经给我们带来某种感受的情境，早已时过境迁，我们却仍然用它们来指导个人实践。现实世界缤纷多彩，然而我们却在不断地撞向同样的"南墙"。

这些"南墙"从何而来呢?它们可能来自你的本能,受到性欲等进化力量的影响;也可能来自你的生活方式,比如容易分心;还可能来自你的知识局限,例如知识结构中少了某门学科。

马奇曾经调侃过这类现象,他说,小时候的男孩喜欢打水仗,长大后的男人喜欢竞争,他们要在事业上有所成就,否则会觉得自己在社会上没有地位,这不符合他们心中真正男人的形象。因此,马奇说:"男性终其一生都要做到坦率、一致、符合逻辑——这与他们两岁时的目标一致。"[1]

与之相反,小时候的女孩喜欢过家家,长大后受到社会的影响,她们也开始尝试去竞争。从青春期开始,她们逐步改变目标,从合作转变为竞争,经历了价值观的迭代。因此,马奇认为,男人不如女人有趣,因为一个人一旦经历了价值观体系的变迁,必然会形成一个对社会更细致的认知,更好的解释体系,其行动方向也会发生改变。

那么,我们如何才能在心智上成为成年人,而不是始终停留在两岁的孩子阶段呢?答案正是"适应式实践"。

2

什么是"适应式实践"?请参考下图:

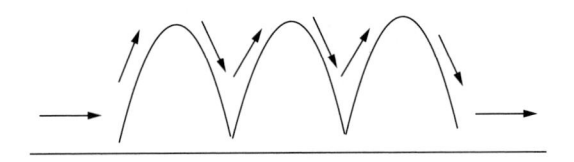

适应式实践

当我们站在平路上时，我们就往前走；上坡时，我们就往上走；下坡时，我们就往下走。根据情境来调整自己的行动，这就是"适应式实践"。

如何更好地进行"适应式实践"呢？有两个重要的技巧：**最小阻力**与**远离险地**。

我们先来看看"最小阻力"。身为成年人，我早已经忘记自己是如何学会走路的了。然而，当我女儿出生之后，我才发现，那些对成年人来说已经成了本能的动作对小孩来说竟然并不容易。

我的女儿在学会走路的时候，最小阻力体现得格外明显：什么方向没有阻碍就往什么方向走。她蹒跚向前，如果某个方向被障碍物挡住了，那么她会继续换一个没有阻碍的方向继续前进。这就是最小阻力的真谛。

然而成年人的逻辑并不相同。当有什么东西挡住我们的道路时，我们偏偏要朝这个方向前进。明知山有虎，偏向虎山行。成年人的行为模式，被我们头脑中大量的认知所塑造，很多时候我们会选择一条阻力更大的路线。

选择阻力更大路线的常见问题是什么呢？走着走着，你忘记你最初的目标了。原本你可能是为了做出某件作品，因此而学习某项技能，结果为了学习该项技能，去攻读欧美博士学位，而选择海外留学，不得不攻克雅思托福英语考试。多年后，你最初想做的作品却依然被搁置在那里。

如何破局？说说我二十年前创业之初的一个常用招数：什么都能耽误，不能耽误我"赚钱"。那时，我刚开始创业，当时下决心一定要尽快完成原始财富积累。因此，为了"赚钱"，放弃了学业以及稳定而体面的高薪收入等。

20年前，我开发的一个商业软件使用了程序员响马开发的第三方打包软件NetBox进行封装。但是当时软件打包碰到问题，部分功能失效。众所周知，我是一个不怎么社交的人，然而，什么都能耽误，不能耽误我"赚钱"。你喜不喜欢社交并不重要，解决问题才是更重要的。于是，我直接跑到响马当时所在公司的北京分部，让他们帮忙修改代码。他们非常友善地帮我修改了相关打包代码。

同样，20年前，我当时并不懂商业合同的规则。第一次快递给客户的合同，结果忘记一式两份了；第二次快递给客户的合同，忘记盖公章了。然而，什么都能耽误，不能耽误我"赚钱"。不懂商务合同如何签署，就立即学习。终于在第三次时，我与客户顺利签署了合同。

什么都能耽误，不能耽误我"创业"。什么都能耽误，不能耽误我"写书"。当前对你最重要的那件事情是什么？然后，选择一条阻力最小的路线快速前进，遇水架桥逢山开路，神挡杀神佛挡杀佛。选择一种"适应式实践",保持阻力最小,这样反而能更快前进。

3

"适应式实践"的另一个关键在于"远离险地",避免潜在的风险。

容易被察觉的是安全类风险。例如,一旦某处出现火灾,人们就会立即逃离那里。在狂风暴雨的天气中,人们一般不会出门。不容易看到的风险是与自己的人性系统不匹配的情境带来的风险。

许多人长期处于个人与情境的错位之中。

在时间上,有些人明显难以胜任需要长时间专注的工作。然而,他们偏偏从事需要费心维系专注力的工作,如写作、编程。

在空间上,有些人的神经质较高,情绪不够稳定,容易发脾气,却偏偏从事需要即时反馈的线上工作,如线上教育或在线运营工作,这无形中放大了他们的神经质较高的缺点。

在人际上,有些人明显较为内向,却偏偏从事需要频繁与人打交道的工作,如销售,这样会更加消耗自己。

在任务上,有些人的智商并不高,却总是喜欢挑战重度脑力劳动的工作,如研究类工作。

在情绪上,有些人并不擅长与他人共情,却偏偏从事需要提供情绪支持的工作,如公共场所的服务人员。

4

"最小阻力"与"远离险地"常常是矛盾的。这就是我们在职业发展中常常碰到的难题。我们先来看一个具体的例子：公务员的两难困境。有一个学生，他是一名公务员。他向我咨询，谈到如果自己太努力了，那么感觉自己似乎容易得罪部门其他同事，容易搞僵关系，并且会被人冠为"卷王"一类头衔。如果自己太摸鱼了，那么同事们会瞧不起他，他也会瞧不起自己，慢慢丧失斗志。

那么，答案是什么呢？答案是"在同事看不见的地方努力"。以我的一位朋友为例，他在某市市委任职。如果他天天在单位996，那么他的同事早就投诉他了。然而，他在业余时间付出了巨大的努力，完成了一些在当地非常有影响力的工作，例如连续十年组织当地的TEDx演讲。虽然他的所有这些工作都是在同事看不见的地方完成的，年复一年下来，当地的领导们依然能感知到他的额外努力，外加本职工作依然干得漂亮，因此他在当地公务员系统中顺利获得提拔。

那么职业发展真正的难题是什么呢？任何一个行业或一种职业，都有一些天生的矛盾。对于像公务员这种追求政策的稳定性和延续性的职业来说，过于追求进度，有时候可能会破坏项目的节奏，以及政策的稳定性和延续性。那么，不妨在本职工作上尽量配合上级部门的节奏，而在业余时间，不断从事那些提升市民文化的事情。

再看出版行业的一个例子。如果作者太有名，出版社和图书公司对作者就可能没有足够的谈判筹码。如果作者名气不够，那么书就卖不出去。那么，果麦文化创始人路金波是如何解决出版行业的这个矛盾的呢？

他在创业前几年，集中火力出版世界著名的文学类公版书，从《小王子》到《红楼梦》。这些公版书的作者非常有名，而图书公司也能分到更多钱，因为作者已经去世。虽然果麦文化出版公版书这事有争议，然而，我们并不可否认，路金波老师的做法颇为创新，值得出版行业参考与借鉴。

每个行业或一种职业都有一些这样的矛盾，如何突破这些核心矛盾，实际上是一件非常困难的事情。创新的矛盾解决方案，通常来自你的解释框架，而你的解释框架又来自你的观察方式。

路金波老师之所以能想到这种创新的方式，与他的职业经历有关。他在互联网刚兴起之际，是中国著名的网络写手。另外他还曾担任过当年文艺青年喜欢的网站——榕树下的总编辑。他早期的这些经历让他意识到了出版业存在的一些天然的不可避免的矛盾。他对行业的观察更深入，而许多人会按照出版行业的既有模式去做，例如签约知名作者，给他们较高的版税。

然而，你会发现，路金波并没有采取行业约定俗成的解释框架。他的解释框架特立独行：我们去找世界上最容易受到大家欢迎的公共IP，再将其更好地产品化，以此满足群众的精神文化需求，然后用这种解释框架引导自己的行动。

5

读到这里,你会发现,我们的讨论逻辑突然变得微妙起来。我们前面反复讨论的逻辑是:认识世界,解释世界,而到了最后,我们才开始谈论如何改造世界。

然而,为什么你必须先认识世界,再解释世界,最后才来改造世界呢?你会发现,更合理的逻辑反而是先改造世界,然后再解释世界和认识世界。在第二章中,我们讨论过,为什么一定要先学习,再工作,最后才产出作品?你其实可以用作品来牵引学习与工作?同样地,在21世纪,你可以**用实践指引解释与观察**。

为了最小化实践的阻力,我们需要理解世界的客观规律,那么最应该遵循的规律是什么呢?例如,我在20年前是一位软件创业者。当时我的所有竞争对手都在开发包含前端WebApp、后端数据库以及Web服务器的服务器软件项目。但是,我并没有采取他们的解释框架。

我开始思考,为什么我们要让事情变得如此复杂?于是,我通过信息分析能力,找到了由响马团队开发的打包软件NetBox。我利用NetBox将前端WebApp、后端数据库以及Web服务器全部打包为一个简单的Windows服务,我的用户只需点击一下这个服务,就能在Windows系统上成功运行。

在20年前,我无意中采取了一种正确的做法,那就是与众不同的解释框架。我采用了响马团队的开源项目,这使我能以数千元的价格出售服务器软件,然而我的竞争对手的产品通常需要卖到两万元以上。这给我带来了巨大的成本优势。我的竞争对手需要不断调试服务器和数据库,而我只需要给客户写一个简单的说明书,双击一下即可运行。

更理想的逻辑应该是:用实践指引解释与观察。一上来就是简单、直接的实践。为了降低阻力,远离风险,因此我们采取一个与众不同的解释框架,不再受到行业约定俗成的解释框架的影响。选择这种与众不同的解释框架,会更有助于提高实践的效率,降低风险与阻力。而为了形成与众不同的解释框架,你需要对世界进行更深入的观察。

因此,我想提醒大家的是,我们应该倒过来,用"适应式实践"来牵引自己,形成"全局式理解",再进行"深描式观察"。这才是真正的职业发展捷径。

小　结

祝福各位读者,我们一起观察、理解与实践,看到更大的世界。

注释

自序

1 参见：海子.（2019）.海子抒情诗全集（评注典藏版）（陈可抒，编）.（p. 132）.四川人民出版社.
2 对《主人》一诗的解释亦可参考陈可抒的评注，出处同上（p. 133）。

01

第一节

1 引自梁启超的《少年中国说》一文，参见梁启超.（2010）.少年中国说.（p. 2）.陕西师范大学出版社.
2 严复在1895年写了一篇文章《原强》，谈他心目中的三民，"是以今日要政统于三端：一曰鼓民力，二曰开民智，三曰新民德"，参见：黄克武（编）.（2014）.中国近代思想家文库：严复卷.（p. 45）.中国人民大学出版社.
3 《人生标准九》请参考拙作《人生模式》第十一章，参见：阳志平.（2019）.人生模式.电子工业出版社.
4 参见McClelland, D. C.（1973）. Testing for competence rather than for intelligence. American Psychologist, 28, 1–14.
5 参见木心.（2007）.鱼丽之宴.（p. 21）.广西师范大学出版社.
6 同注1，引自梁启超的《少年中国说》一文。

第二节

1 "人为多愁少年老，花为无愁老少年"引自唐寅《老少年》。"少年愁，为赋新词强说愁"改写自辛弃疾的《丑奴儿·书博山道中壁》，原句为"少年不识愁滋味，爱上层楼。爱上层楼，为赋新词强说愁。"

2　引自王逸的《九思》。
3　这类小说是网络小说中常见的逆袭题材。
4　《聊斋志异》参见：蒲松龄.（2022）. 聊斋志异（孙通海 & 于天池，译）. 中华书局.
5　"花滴露，柳摇烟，樱红欲烂"改写自欧阳炯《春光好·花滴露》，原句为"花滴露，柳摇烟，艳阳天。雨霁山樱红欲烂，谷莺迁。""与童子六七人，风乎舞雩，踏歌而行，心气和平，听者自然悦怿兴起"改写自《论语》，原句为"莫春者，春服既成。冠者五六人，童子六七人，浴乎沂，风乎舞雩，咏而归。"
6　参见基思·斯坦诺维奇.（2015）. 超越智商（张斌，译）.（p. 31）. 机械工业出版社.
7　参见彼得·考夫曼.（2016）. 穷查理宝典（李继宏，译）.（p. 156）. 中信出版社.
8　参见保罗·格雷厄姆的博客文章：Paul Graham.（2006, October）. How to Do What You Love. 网址参见：paulgraham.com/love.html。
9　参见王小波.（1997）. 我的精神家园.（pp. 297–298）. 文化艺术出版社.
10　"年老少年都不管，且将诗酒醉花前"引自唐寅《老少年》。

第三节

1　《论人类不平等的起源与基础》参见：卢梭.（2013）. 论人类不平等的起源和基础（黄小彦，译）. 译林出版社.
2　这段话中的人名分别指：爱利克·埃里克森（Erik Erikson）、比约克夫妇（Robert Bjork & Elizabeth Bjork）、基思·斯坦诺维奇（Keith Stanovich）。
3　参考《出类拔萃的IQ》第五章"真智力"相关内容，参见：戴维·帕金斯.（2009）. 出类拔萃的IQ（王晓辰 & 李清，译）. 华东师范大学出版社.
4　参考《出类拔萃的智商》第一章"望远镜和智力"相关内容。
5　参见 Barbey, A. K., Colom, R., Paul, E. J., Chau, A., Solomon, J., & Grafman, J. H.（2014）. Lesion mapping of social problem solving. Brain, 137（10），2823–2833.
6　《看见成长的自己》参见：卡罗尔·德韦克.（2011）. 看见成长的自己（杨百彦，乔慧存，& 杨馨，译）. 中信出版社.
7　参见 Mueller, C. M., & Dweck, C. S.（1998）. Praise for intelligence can undermine children's motivation and performance. Journal of Personality and Social Psychology, 75（1），33–52.

第四节

1　引自顾夐的《诉衷情》，收录于《花间集》，参见：赵崇祚（编）.（2014）. 花间集校注.中华书局.
2 《社会网络分析》参见：Maksim Tsvetovat & Alexander Kouznetsov.（2013）.社会网络分析（王薇，王成军，王颖，& 刘璟，译）.机械工业出版社.
3 参见彼得·考夫曼（编）.（2016）.穷查理宝典（李继宏，译）.（p. 157）.中信出版社.
4 参见保罗·格雷厄姆的博客文章：Paul Graham.（2005, March）. Writing, Briefly. 网址参见：paulgraham.com/writing44.html。
5 参见Klein, G., & Jarosz, A.（2011）. A Naturalistic Study of Insight. Journal of Cognitive Engineering and Decision Making, 5（4）, 335–351.
6 莫斯科维奇顿悟故事参见《社会表征》：塞尔日·莫斯科维奇.（2011）.社会表征（管健 等，译）.中国人民大学出版社；乔布斯印度朝圣故事参见《史蒂夫·乔布斯传》：沃尔特·艾萨克森.（2014）.史蒂夫·乔布斯传（管延圻，魏群，余倩，赵萌萌，& 汤崧，译）.中信出版社；恩格尔巴特订婚顿悟，参见其女克里斯蒂娜·恩格尔巴特（Christina Engelbart）的回顾：dougengelbart.org/content/view/183/153/，更多恩格尔巴特生平，请参考其纪念网站：dougengelbart.org。
7 引自约瑟夫·坎贝尔的《千面英雄》，参见约瑟夫·坎贝尔.（2016）.千面英雄（黄珏苹，译）.浙江人民出版社.

02

第一节

1 "形而上者谓之道，形而下者谓之器。"摘自《周易》，参见：郭彧 译注.（2006）.周易.（p. 375）.中华书局。"朴散则为器"摘自《道德经》，参见：饶尚宽 译注.（2016）.老子.（p. 74）.中华书局。"君子不器"摘自《论语》，参见：杨伯峻 译注.（2009）.论语译注.（p. 17）.中华书局.
2 《教育的浪费》参见：布莱恩·卡普兰.（2023）.教育的浪费（蔡维，译）.中译出版社.
3 《如何阅读西方经典》参见：苏珊·怀斯·鲍尔.（2022）.如何阅读西方经典（孙大强&关颖，译）.上海社会科学院出版社.
4 2023年3月15日，GPT-4正式对外发布。
5 钱冬明，夏彧，李玉顺，& 谢永祥.（2021年4月26日）.调查：超六成中小学生拥有专属移动电子产品.中国青年报.
6 参考《2023年全国研究生招生调查报告》和《中华人民共和国2022年国民经济和社会发展统计公报》，参见：中国教育在线.（2023）. 2023年全国研究生招生调查报告；国家统计局.（2023）.中华人民共和国2022年国民经济和社会发展统计公报.

7 参考《2002年全国教育事业发展统计公报》和光明日报报道《2002年硕士生报名又创新高》，参见：教育部.（2003）.2002年全国教育事业发展统计公报；王劲松.（2003年1月22日）.2002年硕士生报名又创新高.《光明日报》.

第二节

1 王阳明的龙场悟道故事参见《青年王阳明》：杜维明.（2013）.青年王阳明.生活·读书·新知三联书店；乔布斯印度朝圣故事参见《史蒂夫·乔布斯传》：沃尔特·艾萨克森.（2014）.史蒂夫·乔布斯传（管延圻，魏群，余倩，赵萌萌，& 汤崧，译）.中信出版社；恩格尔巴特订婚顿悟，参见其女克里斯蒂娜·恩格尔巴特（Christina Engelbart）的回顾：dougengelbart.org/content/view/183/153/，更多恩格尔巴特生平，请参考其纪念网站：dougengelbart.org。

第三节

1 《诗经》参见：程俊英 译注.（2006）.诗经译注.上海古籍出版社。
2 余健明.（2009）.海明威风格汉译研究 [博士].上海外国语大学.
3 ElKoura, G., & Singh, K.（2003）. Handrix: Animating the human hand. Proceedings of the 2003 ACM SIGGRAPH/Eurographics Symposium on Computer Animation, 110–119.
4 关于邓巴数字，论文参见：Hill, R. A., & Dunbar, R. I.（2003）. Social network size in humans. Human Nature, 14（1），53–72；图书参见：罗宾·邓巴.（2016）.人类的演化（余彬，译）.上海文艺出版社.
5 《聪明的阅读者》参见：阳志平.（2023）.聪明的阅读者.中信出版集团；《阅读的心智》参见：阳志平.（2023）.阅读的心智.电子工业出版社.

第四节

1 《资本论》参见：卡尔·马克思.（2018）.资本论.人民出版社；《狭义与广义相对论浅说》参见：阿尔伯特·爱因斯坦.（2006）.狭义与广义相对论浅说（杨润殷，译）；乔布斯的故事可参考《乔布斯传》，参见：沃尔特·艾萨克森.（2011）.史蒂夫·乔布斯传（管延圻，魏群，余倩，赵萌萌，& 汤崧，译）.中信出版社；穆罕默德·尤努斯的故事可参考《穷人的银行家》，参见：穆罕默德·尤努斯.（2006）.穷人的银行家（吴士宏，译）.生活·读书·新知三联书店.

2 在我的信息分析相关课程、著述中有详尽论述。
3 《情绪》参见：莉莎·费德曼·巴瑞特.(2019).情绪(周芳芳,译).中信出版集团；《创新算法》参见：根里奇·斯拉维奇·阿奇舒勒.(2008).创新算法(谭增波 & 茹海燕,译).华中科技大学出版社；《建筑模式语言》参见：克里斯托弗·亚历山大 等.(2002).建筑模式语言(王昕度 & 周序鸣,译).知识产权出版社.
4 杰弗里·辛顿是类神经网络反向传播算法和对比散度算法的发明人之一，被誉为"深度学习之父"。辛顿因在深度学习方面的贡献与约书亚·本希奥和杨立昆一同被授予了2018年的图灵奖。2023年3月OpenAI发布的GPT-4正是辛顿的学生OpenAI首席科学家伊尔亚·苏茨克维带领团队在辛顿等人开创的深度学习研究基础上研发而成。
5 参考 Cattell, R. B., Eber, H. W., & Tatsuoka, M. M. (1970). Handbook for the Sixteen Personality Factor Questionnaire (16 PF). Institute for Personality and Ability Testing.
6 《设计模式》参见：艾瑞克·伽玛.(2019).设计模式(李英军,马晓星,蔡敏, & 刘建中,译).机械工业出版社.
7 《心智探奇》参见：史蒂芬·平克.(2016).心智探奇(郝耀伟,译).浙江人民出版社；《聪明的阅读者》参见：阳志平.(2023).聪明的阅读者.中信出版集团.
8 《黑天鹅》参见：纳西姆·尼古拉斯·塔勒布.(2011).黑天鹅(万丹 & 刘宁,译).中信出版社；《灰犀牛》参见：米歇尔·渥克.(2021).灰犀牛(冯毅 & 张立莹,译).中信出版集团；《蓝海战略》参见：W.钱·金 & 勒妮·莫博涅.(2010).蓝海战略(吉宓,译).商务印书馆；《众病之王》参见：悉达多·穆克吉.(2013).众病之王(李虎,译).中信出版社.
9 根据乔布斯在PBS电视节目"书呆子的胜利"的对话翻译，原文为"good artists copy great artists steal"，英文原文网址参见：pbs.org/nerds/part3.html。

03

第二节

1 "草包族科学"(*Cargo Cult Science*)也被译为"野狐禅科学"，该故事源自费曼在加州理工学院的毕业典礼讲话，同名文章收录于《别逗了，费曼先生》一书，参见：R·P费曼 & R莱顿.(2012).别逗了，费曼先生(王祖哲,译).湖南科学技术出版社.
2 引自埃里克·斯蒂芬·雷蒙(Eric S.Raymond)的文章《如何成为一名黑客》，原文网址参见：catb.org/~esr/faqs/hacker-howto.html，中文译文网址参见：0x08.org/docs/hacker-howto.html。
3 随机对照实验，基本方法是将研究对象随机分组，对不同组实施不同的干预，在这种严格的条件下对照效果的不同。在研究对象数量足够的情况下，这种方法可以抵消已知和未知的混杂因素对各组的影响。
4 双盲实验，通常在试验对象为人类时使用，目的是避免试验的对象或进行试验的人员的主观偏向影响实验的结果，通常双盲实验得出的结果会更为严谨。
5 参见约翰·布罗克曼.（2017）.那些让你更聪明的科学新概念（李慧中，译）.（p. 31）.浙江人民出版社.
6 参见基思·斯坦诺维奇.（2015）.机器人叛乱（吴宝沛，译）.（p. ⅩⅨ）.机械工业出版社.

第三节

1 参见 Edge 论坛上的 Steven Pinker 与 Timothy D. Wilson 的一次对话：*The Social Psychological Narrative, or, What Is Social Psychology, Anyway?*，网址参见：edge.org/conversation/social_psychological_narrative。
2 这段话中的人名分别指：赫伯特·西蒙（Herbert A. Simon）、理查德·费曼（Richard Feynman）、艾萨克·阿西莫夫（Isaac Asimov）、查理·芒格（Charlie Munger）、詹姆斯·马奇（James March）、翁贝托·艾柯（Umberto Eco）、丹尼尔·丹尼特（Daniel Dennett）。
3 专业技能的本质是"限制与精致"，关于这句话的理解，亦可参见胡谊2004年的博士论文《专长的实质：限制与精致》（华东师范大学）。
4 出处同本节第一条注释。
5 参见 Anderson, P. W.（1972）. More Is Different. Science, 177（4047）, 393–396.
6 参见 Henrich, J., Heine, S. J., & Norenzayan, A.（2010）. The weirdest people in the world? The Behavioral and Brain Sciences, 33（2–3）, 61–83; discussion 83-135.
7 根据芒格1996年4月19日在斯坦福大学法学院演讲翻译，英文原文参见：Buffett, W. E., & Munger, C. T.（2005）. *Poor Charlie's Almanack*（P. D. Kaufman, Ed.; 3rd edition）. Walsworth Publishing Company.；其他中文翻译亦可参见彼得·考夫曼（编）.（2016）.穷查理宝典（李继宏，译）.（p. 241）.中信出版社.
8 根据芒格1998年4月24日在哈佛大学法学院1948届毕业生五十周年团聚演讲翻译，英文原文参见：Buffett, W. E., & Munger, C. T.（2005）. *Poor Charlie's Almanack*（P. D. Kaufman, Ed.; 3rd edition）. Walsworth Publishing Company.；其他中文翻译亦可参见彼得·考夫曼（编）.（2016）.穷查理宝典（李继宏，译）.（p.333）.中信出版社.

第四节

1. 这里的"王二"指王小波。向他致敬,王小波给许多小说的主人公取名"王二",因为王小波在全家五个孩子中排行老四,在男孩中排行老二。
2. "灵魂选择自己的伴侣",出自艾米莉·狄金森(Emily Dickinson)诗歌《灵魂选择自己的伴侣》。
3. 参见E·B怀特.(2011).人各有异(贾辉丰,译).(p. 149).上海译文出版社.
4. 《晋书》参见:房玄龄.(1996).晋书.中华书局;《诗品》参见:钟嵘.(2011).诗品集注(曹旭,注).上海古籍出版社.亦疑为后人篡改。
5. 参见王维.(1997).王维集校注.(p. 430).中华书局.
6. 参见宇文所安接受南方周刊的一次访谈:王寅.(2012,九月28).宇文所安:"如果美国人懂一点唐诗……".南方周末.
7. 齐夫定律参见:乔治·齐夫.(2016).最省力原则(薛朝凤,译).上海人民出版社.
8. 《金瓶梅》参见:兰陵笑笑生.(2016).金瓶梅.南洋出版社.
9. 《老人与海》参见:欧内斯特·海明威.(2018).老人与海(鲁羊,译).中信出版社.
10. "雨打梨花深闭门,忘了青春,误了青春。"改写自唐寅《一剪梅》,原句为"雨打梨花深闭门,孤负青春,虚负青春。"
11. 1905年,爱因斯坦在《物理学纪事》上发表了5篇论文,这里指关于光量子假说的《关于光的产生和转化的一个试探性观点》,参见:Einstein, A.(1905).Über einen die Erzeugung und Verwandlung des Lichtes betreffenden heuristischen Gesichtspunkt. Annalen Der Physik, 322(6), 132–148.
12. 参见:汉斯·欧翰年.(2022).爱因斯坦的错误(潘涛 & 范岱年,译).新星出版社.
13. 参见司马贺 & 秦裕林.(1992).漫谈科学研究方法.自然辩证法通讯,14(1),6–12.
14. 同上。
15. 参见保罗·格雷厄姆.(2011).黑客与画家(阮一峰,译).(p. 147).人民邮电出版社.
16. "雨是一生过错,雨是悲欢离合,活在这珍贵的人间,人类和植物一样幸福,爱情和雨水一样珍贵",后三句来自海子《活在珍贵的人间》。"在春天在夏天在冬天,在秋天,离离原上风中摇曳,以一颗有思想的青草姿态,面对整个世界"改写自我1997年发表在《少年文艺》上的诗歌《青草》,原文可参考:https://www.yangzhiping.com/poem/green-grass.html。

04

第一节

1 参见詹姆斯·马奇.（2011）.经验的疆界（丁丹，译）.（p. 23）.东方出版社.
2 参见Liberman, N., & Trope, Y.（2008）. The Psychology of Transcending the Here and Now. Science, 322（5905）, 1201–1205.
3 参见Flavell, J. H.（1979）. Metacognition and cognitive monitoring: A new area of cognitive–developmental inquiry. American Psychologist, 34, 906–911.
4 同上。
5 参见Koriat, A., & Bjork, R. A.（2005）. Illusions of Competence in Monitoring One's Knowledge During Study. Journal of Experimental Psychology: Learning, Memory, and Cognition, 31（2）, 187–194.
6 参考《穷查理宝典》第四章第九讲"论学院派经济学"相关内容，参见：彼得·考夫曼.（2016）.穷查理宝典（李继宏，译）.中信出版社.
7 "独上高楼，蓦然回首，那人却在，灯火阑珊处"改写自辛弃疾的《青玉案·元夕》，原句为"众里寻他千百度，蓦然回首，那人却在，灯火阑珊处。"
8 改编詹姆斯·马奇关于堂吉诃德的论述，原文为："堂吉诃德提醒我们，如果我们只在不被辜负的时候去信任，只在有所回报的时候去爱，只在学有所用的时候去学习，那么我们就放弃了为人的本质特征——愿意在自我概念的名义下行动，不管结果如何。"，参见詹姆斯·马奇.（2010）.马奇论管理（丁丹，译）.（p. 158）.东方出版社.

第二节

1 引自尼采的《哲学与真理》，参见：弗里德里希·尼采.（1993）.哲学与真理（田立年，译）.（p. 9）.上海社会科学院出版社.
2 参见曾国藩.（2015）.曾国藩家书.（p. 425）.岳麓书社.
3 "源头落花每流出，亦有波澜"改写自纳兰性德的《渌水亭杂识》，原句为"源头落花每流出，亦有浴凫时在矗。"
4 《我们赖以生存的隐喻》参见：乔治·莱考夫 & 马克·约翰逊.（2015）.我们赖以生存的隐喻（何文忠，译）.浙江大学出版社.
5 参考《经验的疆界》第一章"追求智慧"相关内容，参见：詹姆斯·马奇.（2011）.经验的疆界（丁丹，译）.东方出版社.
6 《改变》参见：瓦茨拉维克，威克兰德，& 菲什.（2007）.改变（夏林清 & 郑村棋，译）.教育科学出版社.
7 《教聪明人学习》参见：Argyris, C.（2008）. Teaching Smart People How to Learn.

Harvard Business Review Press.
8　引自朱熹，略作修改，原句为"仁者如水，有一杯水，有一溪水，有一江水，圣便是大海水"，参见：黄士毅（编）.（2014）.朱子语类汇校.上海古籍出版社.
9　参见阳志平（编）.（2016）.追时间的人.（p. 331）.中信出版社.

第三节

1　参考《经验与疆界》第二章"通过复制成功而学习"相关内容，参见：詹姆斯·马奇.（2011）.经验的疆界（丁丹，译）.东方出版社.
2　参见迈克尔·波兰尼.（2020）.科学、信仰与社会（王靖华，译）.（p. 3）.南京大学出版社.
3　参见王阳明.（2008）.传习录（于自力，孔薇，& 杨骅骁，译）.（p. 66）.中州古籍出版社.
4　引自乔布斯2005年6月12日在斯坦福大学毕业典礼的演讲"Stay Hungry, Stay Foolish"。
5　参见Mastery: Greene, R.（2012）. Mastery. Viking Adult，中译本可参考：罗伯特·格林.（2016）.专精力（刘璇 & 江玉得，译）.电子工业出版社.
6　参见童牧2017年刊发在微信公众号"开智学堂"的文章《童牧晨玄：如何才能在你的领域登峰造极？》。
7　参见珍妮特·洛尔.（2009）.查理·芒格传（邱舒然，译）.（p. 261）.中国人民大学出版社.
8　参见弗里德里希·尼采.（2011）.查拉图斯特拉如是说.（p. 152）.中国人民大学出版社.
9　参见弗里德里希·尼采.（2011）.查拉图斯特拉如是说.（p. 152）.中国人民大学出版社.

第四节

1　《社会网络分析》参见Maksim Tsvetovat & Alexander Kouznetsov.（2013）. 社会网络分析（王薇，王成军，王颖，& 刘璟，译）.机械工业出版社.
2　参见Kemp, C., & Tenenbaum, J. B.（2008）. The discovery of structural form. Proceedings of the National Academy of Sciences, 105（31），10687–10692.
3　柳井正的九败一胜经历参见柳井正.（2011）.一胜九败（徐静波，译）.中信出版社.
4　参见保罗·格雷厄姆的博客文章：Paul Graham.（2006, January）. How to Do What You Love. 网址参见：paulgraham.com/love.html。

05

第一节

1. 引自诗经·国风·卫风《淇奥》，参见：诗经译注（程俊英，译注）.（2006）.（p. 80）. 上海古籍出版社.
2. 参见彼得·考夫曼（编）.（2016）. 穷查理宝典（李继宏，译）.（pp. 312–313）. 中信出版社.
3. 出处同上,（pp. 288–289）, 略有修改, 原文为"心理学只有和其他学科的原理结合起来才是最有用的".
4. 参见詹姆斯·马奇.（2010）. 马奇论管理（丁丹，译）.（p. 176）. 东方出版社.
5. "白昼即将逝去，山峦清晰可见，河水平缓起伏，黑夜从大地升起，此时才见明月。"改写自海子两首诗《八月之杯》，"八月逝去，山峦清晰，河水平滑起伏，此刻才见天空。",《黑夜的献诗》，"黑夜从大地上升起，遮住了光明的天空"。"但愿你的道路漫长，充满奇迹充满发现"出自希腊诗人康斯坦丁·卡瓦菲斯（Constantine Cavafy）的《伊萨卡岛》开篇，原文为："当你启程前往伊萨卡/但愿你的旅程漫长/充满奇迹充满发现/"。

第二节

1. 这里的"王二"指作者爱人，因为她姓王，在大家族中排行第二，简称为王二；同时也是借"王二"一词向王小波致敬。王小波给许多小说的主人公取名"王二"，因为王小波在全家五个孩子中排行老四，在男孩中排行老二。
2. 部分成果参见我的博客网址：yangzhiping.com。
3. 参见 Bowen, M.（1966）. The use of family theory in clinical practice. Comprehensive Psychiatry, 7（5）, 345–374.
4. 网址参见：goodjudgment.com。
5. 《信号与噪音》参见：纳特·西尔弗.（2013）. 信号与噪声（胡晓姣、张新，& 朱辰辰，译）. 中信出版社.
6. 参见乔纳森·弗兰岑.（2012）. 自由（缪梅，译）.（p. 149）. 南海出版公司.
7. "你一定要来到人间一趟，看看那夏天的太阳，和你的心上人，赤脚一起走在河边。"改写自海子诗《夏天的太阳》，"夏天，如果这条街没有鞋匠，我就打赤脚，站到太阳下看太阳"，"你来人间一趟，你要看看太阳，和你的心上人，一起走在街上"。

第三节

1. 参见基思·斯坦诺维奇.（2015）. 超越智商（张斌，译）.（p. 31）. 机械工业出版社.

2 参考《超越智商》《理商》相关内容。

3 本案例参照奚恺元的《别做正常的傻瓜》，改写自卡尼曼的琳达实验，更多参考《超越智商》第十章"心智程序缺陷"相关内容。

第四节

1 大五人格对应英文分别为神经质（Neuroticism）、尽责性（Conscientiousness）、宜人性（Agreeableness）、外向性（Extroversion）与开放性（Openness）。

2 "旧菊花安全，旧枣花安全；地震时天空很安全，伴侣很安全。"改写自海子诗《坐在纸箱上想起疯了的朋友们》，原句为"旧菊花安全，旧枣花安全，扪摸过的一切，都很安全，地震时天空很安全，伴侣很安全"

3 参见约翰·鲍尔比.（2017）.依恋（汪智艳 & 王婷婷，译）.世界图书出版公司.

4 Hazan, C., & Shaver, P. R.（1987）. Romantic love conceptualized as an attachment process. Journal of personality and social psychology, 523, 511–24.

5 了解更多自我决定论与内在动机内容，可阅读《人生模式》第五章"奖励会伤人"相关内容，参见：阳志平.（2019）.人生模式.电子工业出版社.

6 参见保罗·格雷厄姆的博客文章：Paul Graham.（2006, October）. How to Do What You Love. 网址参见：paulgraham.com/love.html 。

7 参见 Ryan, R. M., & Deci, E. L.（2000）. Self-determination theory and the facilitation of intrinsic motivation, social development, and well-being. American Psychologist, 55, 68–78.

8 范畴化（Categorization）和隐喻（Metaphor）是认知语言学研究的主题，相关内容推荐阅读认知语言学家乔治·莱考夫的著作《女人、火与危险事物》与《我们赖以生存的隐喻》，参见：乔治·莱考夫.（2017）.女人、火与危险事物（李葆嘉，章婷，& 邱雪玫，译）.世界图书出版公司；乔治·莱考夫 & 马克·约翰逊.（2015）.我们赖以生存的隐喻（何文忠，译）.浙江大学出版社.

9 参见 Rosch, E., Mervis, C. B., Gray, W. D., Johnson, D. M., & Boyes-Braem, P.（1976）. Basic objects in natural categories. Cognitive Psychology, 8（3）, 382–439.

10 引自王尔德《供年轻人使用的至理名言》，英文原文为"Time is a waste of money"，略作重译，参见：奥斯卡·王尔德.（2000）.王尔德全集：奥斯卡·王尔德.（2000）.王尔德全集：评论随笔卷（杨烈 & 黄杲炘，译）.（p. 488）.中国文学出版社.

11 引自王维《鹿柴》，参见：王维.（1997）.王维集校注.（p. 417）.中华书局.

12 参见玛丽·道格拉斯.（2023）.自然象征（赵玉燕，译）.商务印书馆.

13 《宗教与神话》参见李亦园.（2004）.宗教与神话.广西师范大学出版社.
14 "南山嵬嵬，松柏离离"改写自刘琨《扶风歌》，原句为"南山石嵬嵬，松柏何离离"。

06

第一节

1 网络科学入门最好的两本书是：纽曼的《网络科学引论》与美国院士乔恩·克莱因伯格（Jon Kleinberg）的《网络、群体与市场》。我组织翻译的《社会网络分析：方法与实践》是一本不错的技术入门著作。

2 参见阳志平, & 时勘.（2002）.社会网络分析在社会心理学中的应用.社会心理研究, 3, 56–58.

3 《教父》参见：马里奥·普佐.（2014）.教父（姚向辉，译）.江苏文艺出版社, 亦可参考同名电影。

4 Granovetter, M.S.（1973）. The Strength of Weak Ties. American Journal of Sociology, 78, 1360-1380.

5 Rajkumar, K., Saint-Jacques, G., Bojinov, I., Brynjolfsson, E., & Aral, S.（2022）. A causal test of the strength of weak ties. Science, 377, 1304–1310.

6 Burke, M., & Kraut, R.E.（2013）. Using facebook after losing a job: differential benefits of strong and weak ties. Proceedings of the 2013 conference on Computer supported cooperative work.

7 Dunbar, R.I.（1993）. Coevolution of neocortical size, group size and language in humans. Behavioral and Brain Sciences, 16, 681–694.

第二节

1 也称之为"类我原则""邻我原则"与"共同活动原则"，参见 Uzzi, B., & Dunlap, S.（2005, December 1）. How to Build Your Network. Harvard Business Review.

2 埃米尼亚·伊瓦拉.（2016）.转行（张洪磊 & 汪珊珊，译）.机械工业出版社.

3 参见阳志平（编）.（2016）.追时间的人.中信出版社.

4 "月色朦胧，星光微暗，乌鹊南飞，门外清流叠嶂。"这句改写自谢逸《鹊桥仙·月胧星淡》，原句为"月胧星淡，南飞乌鹊，暗数秋期天上。锦楼不到野人家，但门外、清流叠嶂。

第三节

1. 参见保罗·格雷厄姆的博客文章：Paul Graham.（2014, October）. Before the startup. 网址参见：paulgraham.com/before.html。
2. 参见奥斯卡·王尔德.（2008）. 自深深处（朱纯深，译）.（p. 301）. 译林出版社.
3. 参见阳志平（编）.（2016）. 追时间的人.（p. 336）. 中信出版社.
4. 参见村上春树.（2012）. 村上春树杂文集（赖明珠，译）.（p. 169）. 时报文化.
5. 《人情与面子》中为"性"，本书改为"型"，更多参见：黄光国.（2010）. 人情与面子. 中国人民大学出版社.
6. "人生之屋，窗开百扇，门唯二三"改写自詹姆斯·伍德《小说机杼》，原话为"小说之屋，窗开百扇，门唯二三。"
7. "晚霞燃烧，我站在人生的十字路口，紧紧拥抱着那位囤积月光的女神，痛哭失声，却永远无法改变自己的命运。"改写自海子的《黎明和黄昏》，原句为"晚霞燃烧/厄运难逃/我在人生的尽头/抱住一位宝贵的诗人痛哭失声/却永远无法改变自己的命运"。

第四节

1. 参见：阳志平（编）.（2019）. 认知尺度. 中信出版集团.
2. 参见 Adam Grant.（2013）. Give and Take: A Revolutionary Approach to Success. Weidenfeld & Nicolson.
3. 同上。
4. 参见阳志平（编）.（2016）. 追时间的人. 中信出版社.

07

第一节

1. 关于人生发展咨询的介绍请参考东木咨询，网址参见：dongmu.cc。
2. Bailey, D.H., & Geary, D.C.（2009）. Hominid Brain Evolution. Human Nature, 20, 67-79.
3. 有趣的是，多年后该研究被发现源自一个美妙的统计学错误。详情参见 Strube, M.J.（2005）. What did Triplett really find? A contemporary analysis of the first experiment in social psychology. The American journal of psychology, 118 2, 271-86.
4. Zhang, J., Brackbill, D., Yang, S., Becker, J.A., Herbert, N., & Centola, D.（2016）. Support or competition? How online social networks increase physical activity: A randomized controlled trial. Preventive Medicine Reports, 4, 453-458.

5 这段话中的人名分别指：玛尔塔·伯奈斯（Martha Bernays）约瑟夫·布罗伊尔（Josef Breuer）、威廉·弗里斯（Wilhelm Fliess）、卡尔·荣格（Carl Jung）、阿尔弗雷德·阿德勒（Alfred Adler）。
6 这段话中的人名分别指：路德维希·维特根斯坦（Ludwig Wittgenstein）、路德维希·冯·米塞斯（Ludwig von Mises）、乔治·凯利（George Kelly）、西格蒙德·弗洛伊德（Sigmund Freud）、斯金纳（B. F. Skinner）。
7 理查德·赖克曼（Richard Ryckman）的研究参见：Ryckman, R.M., Hammer, M., Kaczor, L.M., & Gold, J.A.（1990）. Construction of a Hypercompetitive Attitude Scale. Journal of Personality Assessment, 55, 630-639. 以及：Ryckman, R.M., Hammer, M., Kaczor, L.M., & Gold, J.A.（1996）. Construction of a personal development competitive attitude scale. Journal of personality assessment, 66 2, 374-85.
8 陈国鹏的研究参见：陈国鹏，李鹃，& 陆芳.（2003）.《竞争态度量表》中国版的修订. 心理科学, 26（2），332-333. 谢晓非的研究参见：谢晓非, 余媛媛, 陈曦, & 陈晓萍.（2006）. 合作与竞争人格倾向测量. 心理学报, 38（001），116-125.
9 引文在中文版翻译基础上重译，参见：布尔迪厄（2012）. 男性统治. 中国人民大学出版社.
10 Bian, L., Leslie, S., & Cimpian, A.（2017）. Gender stereotypes about intellectual ability emerge early and influence children's interests. Science, 355, 389-391.

第二节
1 更多介绍参考我关于人生资本论的相关课程、著作。
2 文中提及人物英文全名为：埃隆·马斯克（Elon Musk）、沃伦·巴菲特（Warren Buffett）、蒂姆·库克（Tim Cook）与杰克·韦尔奇（Jack Welch）。

第三节
1 米尔斯.（2012）. 社会学的想象力：第3版. 生活·读书·新知三联书店.
2 参见郭歆在第四届开智大会上的演讲"做一个有社会学想象力的女性"，网址参见：openmindclub.com。
3 基希勒三世（2018）. 战略简史：引领企业竞争的思想进化论. 社会科学文献出版社.
4 参见拙著《阅读的心智》的《放下武器，开始玩吧》一文。
5 阳志平.（2019）. 人生模式 电子工业出版社.

6 王守仁.（2021）.传习录（陆永胜，译注）.中华书局.

第四节
1 Brandenburger, A. M., & Nalebuff, B. J.（1996）. Co-Opetition. Currency.

08
第一节
1 参见王阳明.（2008）.传习录（于自力，孔薇，& 杨骅骁，译）.（p. 246）.中州古籍出版社.
2 参见荀况.（2010）.荀子.（p. 198）.上海古籍出版社.
3 参见论语译注（杨伯峻，译注）.（2009）.（p. 112）.中华书局.

第二节
1 《纳文》参见贝特森.（2008）.纳文（李霞，译）.商务印书馆；《忧郁的热带》参见克洛德·列维-斯特劳斯.（2009）.忧郁的热带（王志明，译）.中国人民大学出版社；《江村经济》参见费孝通.（2021）.江村经济.商务印书馆.
2 《文化的解释》参见克利福德·格尔茨.（2014）.文化的解释（韩莉，译）.译林出版社.
3 参见海子.（2009）.海子诗全集（西川，编）.（p. 470）.作家出版社.
4 参见中华书局编辑部.（1992）.全唐诗.（p. 1690）.中华书局
5 日文原文参见小林一茶.（2019）.这世界如露水般短暂（陈黎 & 张芬龄，译）.（p. 106）.北京联合出版公司. 周作人译本转引自王家新.（2020）.简·赫斯菲尔德诗论集《九重门：进入诗的心灵》读后. 上海文化, 11, 74–84.

第三节
1 格式塔心理学（Gestalt psychology），又称拓扑心理学。

第四节
1 参见詹姆斯·马奇.（2010）.马奇论管理（丁丹，译）.（p. 15）.东方出版社.

后记

1

2016年5月24日晚上10点,我正在办公室加班,夏雨刚刚停歇,凉爽的夏风似乎带来了灵感,突然之间,文思泉涌,我想说点什么。于是,在一个学员微信群中,我问道:

人还在吗?我准备开始快速写作了。凑够四十二人我就开写。

学员们轰然响应,很快,凑齐了四十二位观众,我开始在微信群中即兴写作。此时,微信群的另一种可能性开始浮现——从一个聊天工具变为一个即兴创作舞台。当我敲下:*Begin*,大家保持沉默。当我敲下:*End*,表示今晚的写作结束,大家开始发言。

从十点十八再到十点五十九,本书的开篇语一气呵成。

2

出乎意料的是,这些文字得到了众人欢迎。当天晚上,来自成都的学员雨朵给我反馈:

> 谢谢阳老师。这些文字,像困顿深夜里沉静的白月光,叫醒了繁芜生命中暂隐的星芒。而我可以安心入眠了,因为今夜有星光,明早有暖阳。

一方面,随着我创办的几家公司团队的扩张,每月、每季、每年都有新同事不断入职,他们需要一本企业文化读本。另一方面,随着我创办的成人教育机构——开智学堂的发展,每月、每季、每年都有新学员不断加入,他们同样需要一本新生指南。

我在想,也许我可以写一本正式的书,用它来帮助新同事和新学员构建自己的工作方法论。

3

那时,我在疑惑这本书是应该写成《开篇语》这种风格,还是继续保持我在文集《人生模式》或专著《聪明的阅读者》中的那类风格。在摇摆不定之际,我咨询了电子工业出版社的李欣编辑。

李欣,一位毕业于北大中文系的优秀编辑,虽然她当时不清楚我这种新的写作风格将来会如何发展，但她依然认真地回复我："现在的书稿读起来不累，比以前更轻松。"

当我还在犹豫究竟写成哪种风格时，无意中看到了一位同事的反馈：

> 经常看到阳老师演示如何写书，然而读到《开篇语》时，我还是颇为惊讶——如果一本谈论工作方法论的书能写得如此富有智性且直抵人心，那真是太令人期待了！

好吧，既然已有同事将我这种漫谈工作的写作风格称为"智性风"，那我就干脆尝试这种新风格。于是，就有了你眼前的这本书《工作的心智》。

一口气写完五章后，我才醒悟过来，原来我是在总结自己20年的工作心得啊，一边回忆往事，一边梳理那些影响我深远的工作方法论。

忠实地记录自己走过的路，看见真实的成长，也许这就是对那些新同事、新学员最好的启发。

4

然而，我在2016年写完了五章，直到2023年才完成了剩余的三章，整本书的创作跨越了整整七年。

最初与我一同讨论这本书的编辑李欣已经离开了电子工业出版社。那位将这种写作风格命名为"智性风"的同事也已经离开了我的团队。我也经历了很多事情。其中最大的变化是我成为父亲，可爱的女儿在2019年历经磨难后来到了这个世界。

其间，我的书稿得到了中信出版社的朱虹老师和人民邮电出版社的张渝涓老师的厚爱，两位老师都曾想出版前五章。

然而，我还是有些犹豫。已经完成的五章分别谈及英才、思想、学习、人性和人际，似乎涵盖了工作上应该了解的重要认知，但总感觉还缺少了一些什么。

直到2023年，我才找到答案。原来，缺少的是"作品""竞争"和"世界"。没有作品，我们的工作便可能失去方向；缺乏竞争，我们的工作往往会显得毫无挑战；如果我们未能看到更广阔的世界，那么我们的工作就容易坐井观天。

至此，《工作的心智》这本书才正式成型。

5

兜兜转转，在七年后，这本书最后竟然还是由电子工业出版社出版，真是命中注定。

感谢电子工业出版社综合出版分社的社长李影老师，她是我多本著作的编辑。正是她的精心策划，使得我的每本书都品相极佳，这本书也不例外。

感谢杨柳依依协助我完善配图；感谢罗渊隆、李国军与孔德超协助我校订书稿与增补注释；更感谢日出工作室的刘聪、一休为本书设计精美封面。

当然，感谢我的家人为我提供了一个安心创作的环境。其中，来自女儿的鼓励更是写作莫大的动力。虽然，刚上幼儿园的她还不懂什么叫做"工作"。但并不妨碍我将这本书献给她。

"追逐名利的人，必然因为名利受伤；透支信用的人，迟早信用受损。"这是我为女儿写的献词。某种意义上，这也是我对女儿的提醒：远离名利，珍惜信用；也是对她的祝福：成为内在动机驱动的人。

6

七年来，也许在具体知识上，我的观点变得更完善了，例如，第四章和第五章将各自扩展成一本书。然而，在开篇语强调的重点竟然没有发生丝毫变化：成为内在动机驱动的人。

整个社会充满来自名利的诱惑，内在动机有点反"社会"。太多的人，因为名利等外物而丢掉快乐。我曾经看好的一些朋友，定力不够，社会那么多诱惑，一旦碰到一个看似能让他们发财成名的捷径，便会立即投奔而去。

然而这类朋友，没有明白一个简单的道理：如果真的那么容易发财成名，这个赛道肯定会拥挤不堪；同时，即使发财成名了，又能怎样呢？

人生发展，很多大事在早期是模糊的。但你一定要开始行动，上一阶段的行动，才会引发下一阶段的行动。每个阶段的行动都是垫脚石，帮助你通往、发现真正的大目标。而每一步，都要遵循内在动机而非追求利益最大化。

为什么尽量遵循内在动机而非追求利益最大化？答案很简单，遵循内在动机，可以使得你的积极情绪更多，对自己更肯定，以及更容易获得竞争优势。一个人为利益做事，另一个人内在动机饱满，出于兴趣与热情做事，显然后者更易胜出。

《论语·为政》曾说，"君子不器"。用利益最大化作为决策第一原则，实际就是让自己成为实现利益的工具人了。

小　结

没有完美的工作，只有不完美的自己。好的工作应该是帮助自己变得更自主、更胜任、更有安全感，从而成为更好的自己。反之，坏的工作让你变得更像一个机器人，觉得自己这也不行那也不行，在工作中没有安全感。

期待《工作的心智》帮助你，成为更好的自己。愿你，享受工作的快乐。